Sigi Sommer Wanderer, kommst du nach München . . .

Sigi Sommer

Wanderer kommst du nach München …

72 Gschichtln aus der heimlichen Hauptstadt

Mit 20 Zeichnungen von Ernst Hürlimann

Süddeutscher Verlag München

Schutzumschlag von Ernst Hürlimann

ISBN 3 7991 5667 4

Schrift: Trump-Mediaeval
Satz und Druck: Süddeutscher Verlag GmbH, München
Bindearbeit: Klotz, Augsburg

Meiner Vaterstadt München gewidmet,
die ich so liebe

Sigi Sommer

Inhaltsverzeichnis

Zuerst eine Brotzeit

Wanderer, kommst du nach München, dann schimpfe nicht gleich über die »Seppl« und die ungezählten Umleitungsschilder. Sondern mach zuerst eine Brotzeit. Die Brotzeit ist nämlich nach altbayerischer Meinung nicht nur die schönste, sondern vor allem auch eine Zeit, zu der man sich unbedingt Zeit nehmen soll. Denn der Gott, der Eisen wachsen ließ, tat dies nicht, damit man Aufschlagzünder daraus mache, sondern zuvörderst einmal Messer und Gabel. Und er schuf schließlich zum Besteck auch noch das Tellerfleisch und den Schnittlauch, die Milzwurst, das Bries und die Weißwurst.

Die Weißwurst wurde nicht vom weltbekannten Komiker Weiß Ferdl, sondern Anno Domini 1857 von dem tugendsamen Metzgergesellen Sepp Moser im Gasthaus »Zur Ewigen Lampe« zufällig erfunden. Für den Verzehr der Weißwurst gelten seit dieser Zeit folgende ehernen Gesetze: Die Weißwurst soll das Zwölfuhrläuten nicht hören, weil sonst das Wurstbrat unansehnlich und fad wird, was den Genuß sehr beeinträchtigt, da nach einheimischen Vorstellungen auch das Auge mitißt. Weißwürste werden nicht paar-, sondern stückweise bestellt. Man ißt sie entweder, indem man die Haut vom Ende her mit Daumen und Zeigefinger halb abzieht und die Wurst dann in den Senf taucht, oder man kann sie mitsamt der »Montur«, der Haut, verzehren. Auch das Auszuzzeln ist absolut tafelfähig. Wenn man die Weißwurst hingegen zum Zweck des Tranchierens in der Mitte durchschneidet, muß die Schnittfläche als Qualitätsbeweis ein »Häuberl« machen. Sie muß aus der Haut schlüpfen.

Wer die Weißwurst der Länge nach aufschneidet oder einen französischen Senf dazu nimmt, ist ein Barbar. Sagen die Münchner. Zur Weißwurst wird weder Sauce noch Salat gegessen, sondern süßer, beziehungsweise Meerrettich-Senf. Außerdem gehört das leider in München immer seltener werdende riesige »Riemische Weckerl« oder das »Maurer-Loawe«, aus dem bekannten »Loawedoag« gemacht, dazu. Oder die resche Brez'n. Jedoch nicht die ins Bayerische zugewanderte »Schrippe« oder gar der Aschinger »Knüppel«.

Als Weißwurstgetränk empfiehlt sich das Weiß- oder Weizenbier, mit einer ganzen Scheibe Zitrone als Einlage drin. Merke dir jedoch, Tourist, Gast oder Zuagroaster, daß der größte Feind einer frischen Maß oder Halben das Fett ist. Verwehre also deiner blonden Reifenpanne, der Sekretärin, der Urlaubsmieze und sogar der leibeigenen Gattin – sofern sie ihren Rosenmund mit dem in Stangenform gegossenen Scharlach bemalt hat – strikt den schäumenden Kelchesrand und bestelle ihr eine eigene Halbe. Denn selbst die geringste Berührung mit Öl oder Fett läßt das Bier entsetzt zusammenfallen, so daß es dich hernach mit einem beleidigten, tückischen Auge trüb anblickt. Jeder Ureinwohner und gelernte Brotzeitmacher wird sich deshalb, ohne Verletzung der Tafelsitten, nach dem Wurstgenuß mit dem Handrücken über den Mund fahren, bevor er obengenannte Flüssigkeit zu sich nimmt.

Wer aber glaubt, er sei vom »Thekenwart«, der bei uns Schenkkellner heißt, beim Einschenken schlecht bedient worden, blase zuerst einmal langsam einen Kontrolltrichter in den weißen Schaum und lasse dann gegebenenfalls von der Bedienung nachschenken. Eine Münchner Kellnerin wird das nicht übelnehmen, denn sie ist an solche Aufträge gewöhnt. Oder aber sie tröstet den Gast mit dem ortsüblichen Spruch: »Der Schenkkellner braucht wieder amoi a neie Hos'n.«

Der Preis der Herrlichkeit

Als die stolze Kunde an die Isar drang, daß der sozialdemokratische Münchner Oberbürgermeister in Rom den vielen anderen Bewerbern die Olympischen Spiele aus den Zähnen gerissen hatte, da meinte mancher Einheimische, dafür müßte dem roten Rathausadler mindestens die Goldmedaille im Zehntausendmeter-Vorausschauen verliehen werden. Und auch nachdem die ersten baulichen Vorbereitungen im Zeichen der fünf Ringe München zur »Hauptstadt der Erdbewegung« machten, sagten die meisten Isarathleten noch: »Was macht das schon. Viel Dreck, viel Ehr.« Erst aber, als schließlich sechzigtausend zusätzliche Verkehrshinweis- und Umleitungsschilder in der bayerischen Metropole aufgestellt wurden und die Fremden bereits witzelten, München läge nicht an der Isar, sondern an der Umleitung, da begann mancher leise zu ahnen, wie groß der »Preis der Herrlichkeit« für dieses Happening der weiten Welt vielleicht werden

könnte. Und da machten die guttrainierten Pessimisten und Grantler schnell wieder eine Kehrtwendung und malten sich die Kehrseite der Medaille in den schwärzesten Farben aus. Und diese Seite sieht nach ihrer Meinung etwa so aus: Zuerst einmal, so prophezeien die mißtrauischen Bierdimpfl, wird ganz bestimmt wieder schlechter eingeschenkt. Denn die Schenkkellner sagen sich wohl zu Recht: »Geh, wos vaschteht denn so a Singhalese scho, wiavui a Maß is.« Und drum ist in den Angstträumen aller Sportfreunde, denen das Einarmig-Reißen, wie die Disziplin des Maßkrugstemmens, die wichtigste Freizeitbeschäftigung hierzulande, heißt, die Vision entstanden, daß in ihrem geliebten Krug womöglich überhaupt nichts mehr drin sein wird als der Daumen der Kellnerin. Ebenso bange Erwartungen bewegen die gelernten Brotzeitmacher angesichts der Völkerscharen, welche sich da alle eine Scheibe von den bayerischen Würsten herunterschneiden wollen. Sicher werden zahlreiche schurkische Metzger und Wirte für die olympischen Wochen eigene Kurse absolvieren, damit sie die Salami dann so hauchdünn hobeln können wie frischgeschliffene Rasierklingen. Ja, manche bringen vielleicht sogar das Kunststück fertig, die Hartwurstradln so sparsam herunterzusäbeln, daß die überhaupt nur mehr eine Seite haben. Während den rührigen Münchner Weißwurstproduzenten die Hände beim Bratmachen vor lauter Aqua-Zusatz womöglich direkt an die Wasserhähne anwachsen. Bei solchen Vorstellungen ist es den passionierten Leberkäs-Schluckern wohl nicht zu verdenken, daß sie da von Herzen gerne auf den olympischen Lorbeer verzichten würden, den sie sowieso lieber im Sauerkraut sehen als auf den feuchten Stirnen gewisser Staatsathleten.

Daß natürlich auch die Höflichkeit unter diesen Aspekten leidet, bekommt der Ortsansässige sowieso jedes Jahr zur Zeit der Fremdensaison genügend zu spüren. Denn in diesen Wochen kann er noch von Glück sagen, wenn beispielsweise ein Münchner Friseur, welcher die Mitbürger mit ihren Grammophonnadelbärten gar nicht sehr schätzt, beim Rasieren nur auf den Pinsel spuckt. Und nicht direkt ins Gesicht.

Was aber die Kosten anbelangt, die ein solches Mammuttreffen verursacht, so hat der echte Münchner wohl schon an vielen Tagen nachdenklich in die bisherigen U-Bahn-Löcher geblickt, in denen sein schönes Steuergeld verschwunden ist. Und vielleicht auch in echter Trauer darüber sinniert, was man für das viele Geld für nützliche Dinge hätte kaufen können. Zum Beispiel eine Milliarde Bierbrezen. Oder dreihundert Millionen Laubfrösche von der allerkräftigsten Sorte. Von den Starfightern ganz abgesehen.

Daß die Bedienungen, Taxichauffeure, Gepäckträger, Ordnungsmänner und auch die schnellen Bräute durch viel zu hohe Zuwendungen und Trinkgelder für den Ureinwohner in alle Ewigkeit verdorben werden, ist keine Frage. Und drum stöhnen die Münchner: Die Fremden werden wieder gehen. Ihre Sitten aber und die hohen Preise werden bleiben.

Was außerdem noch bleiben wird, das geben die Moralisten und Sittlichkeitsapostel der bayerischen Metropole mit unanständig nacktem Zeigefinger warnend zu bedenken. Nämlich mindestens fünftausend uneheliche Kinder. Herzallerliebste Endprodukte der großen Völkerverständigung. Und die werden dann nicht mehr Sepperl oder Fannerl heißen, sondern am Ende gar »Zimprabimba« oder »Iglanghi«. So wie der Herr Papa halt auch. Die national und rassisch unverbesserlichen Zeitgenossen gehen sogar so weit, zu behaupten, daß zu einem solchen babylonischen Kräftemessen bekanntlich nicht nur Negerstämme importiert werden, sondern auch noch viele Millionen Mini-Teilhaber vom riesigen Stamm der Trichomonaden. Die wahrscheinlich schon längst so abgebrüht sind, daß sie über die weltbekannte Erfindung eines gewissen Alexander Fleming nur mitleidig den Kopf schütteln. Und schließlich befürchten die fest vergatterten bürgerlichen Ehemänner auch noch einen rapiden Verfall der Sitten- und Schlafzimmerpflichten. Weil sie halt glauben, die deutsche Frau könnte nach dem Besuch so vieler Spezialisten und Parterreakrobaten aus allen Ländern dieser Erde mit der germanischen Tour »zweimal kurz, dreimal lang« nicht mehr recht zufrieden sein. Sondern plötzlich auf die koreanische Art »Barfuß mit Anlauf« mehr Appetit haben. Oder gleich gar jedesmal auf einen raffinierten Fallrückzieher.

Etwas aber wird mit Bestimmtheit noch lange an diese Wochen der Siege und Niederlagen erinnern. Das Schicksalswörtchen »wenn«. Ein Wörtchen, von dem bekanntlich tausend auf ein Kilo gehen. Und von dem ein schöner Spruch auch sagt: »Ja, ›wenn‹ meine Tante Räder hätte, dann wäre sie ein Omnibus.« Darum wird das »wenn« auch sicher wieder die Hauptentschuldigung für mangelndes Glück, für falsche Schiedsrichterentscheidungen und anderes Mißgeschick sein. Aber eine gewisse Bedeutung kann man ihm auf keinen Fall ganz absprechen. »Wenn« nämlich manches Münchner Madl, das 1972 besonders kontaktfreudig war und eine aufregend lustige Unterwäsche besitzt, mit kühler Stirn weissagen wird: »Wartet nur bis 1992. Wenn dann unsere Negerbabys, die wir kriegen werden, auch schon groß sind. Dann gewinnen wir nämlich die Olympischen Spiele ganz allein.«

Blick von oben

Nach überschlägigen Schätzungen kraxeln jährlich etwa eine halbe Million Touristen, Reisende und Einheimische auf die Türme der Münchner Stadt, um das bayerische Weißwurst-Paradies auch einmal von oben zu betrachten. Und sei es auch bloß deshalb, weil man sich dabei so gut vorstellen kann, wie der liebe Gott, der doch auch ein Münchner ist und mit dem Vornamen Schorsch heißt, die kleine bunte Welt um den Alten Peter aus höchster Warte sieht. Dort im Süden beispielsweise das rote Andachtshaus, das manche Leute wegen seiner Bauweise auch »Martin Luthers Achterbahn« nennen. Oder drüben im Nordosten den Friedensengel. Der goldene Optimist, der mit seinem Palmenzweig im eingeschlafenen Arm noch immer den Weltrekord im Dauer-Mahnen hält. Gemütlich pafft im Nordwesten dagegen der Leuchtgas-Vesuv von Moosach, der Gaskessel, kleine Dampfkringel in die Luft. Direkt unter dem Beschauer aber ragt der mürbe Löwenturm wie ein vergessener Stockzahn aus uralter Zeit aus dem halbrunden Häuserkiefer des Rindermarktes. Und draußen die große Schiffsschaukel-Prärie zu Füßen der Buntmetall-Großmutter Münchens, der Bavaria, erinnert fast ein wenig an einen Fußabstreifer aus Sisalfaser. Während sich die grüne Isar ringelnd und schlängelnd durch das Häusergewirr durchfragt: »Sie, bittschön, wo geht's denn da nach Deggendorf? Ich muß nämlich schleunigst in die Donau münden.«
Kreischende Möwen ziehen pausenlos wie schneeweiße Adler um den hohen Ausguck. Und wenn sie weiter weg sind, schauen sie fast aus, als hätte irgendein Engel einen Liebesbrief an München wieder zerrissen, weil er viel zu schwach war, und würde die Schnitzel jetzt auf die rotblonden Ziegelköpfe streuen. Greifbar nahe steht der trutzige Watzmann vor dem Betrachter, und man könnte direkt versucht werden, das Leberkäs-Messer an seinen schartigen Graten zu wetzen. Sollten die Glocken der Stadt jedoch gerade elf Uhr geschlagen haben, dann klappen auf dem

Marienplatz viele hundert Neugierige die Köpfe zurück und öffnen den Mund wie bei einer Reihenuntersuchung auf Angina. Und alle warten sie geduldig darauf, bis der böse Turnierritter des berühmten Glockenspieles mit knarzenden Scharnieren aus dem Sattel gestoßen wird.

Wie ein Spielkarten-As liegt die Altstadt da. Oder wie ein Bilderbuchherz, unter dem nur noch die Worte fehlen: »Ewig Dein.« Von den Dächern des sündigen Schwabylons weht der leise Duft von Chanel Nummer Fünf und Gebot Nummer Sechs herüber. Und auf dem Karolinenplatz hebt der Obelisk unentwegt seinen schwarzen Zeigefinger, der aus erbeuteten Kanonen gemacht ist, zum weißblauen Föhnhimmel empor, als wollte er vermelden: »Herr Lehrer, bitte, ich muß einmal.« Wem es vergönnt ist, das vielgeliebte Millionendorf einmal so in der Dämmerung zu sehen, wenn die Silhouette seiner Türme langsam auf dem seidigen Firmament verwischt, der spürt schnell, daß es in dieser Stadt, wo sich der Knödldampf und der Bierdunst so innig mit dem Duft der großen weiten Welt vermischen, immer schön sein wird.

Das Goldene Buch

Immer wieder liest man, daß sich einer der vermutlich Unsterblichen in das Goldene Buch der Stadt München eingetragen hat. Nun, dem neugierigen Einheimischen wurde es gestattet, im Rathaus diese alte Kolossalschwarte einmal zu besichtigen und darin zu blättern. Warum es ausgerechnet »Goldenes Buch« heißt, weiß sicher niemand ganz genau. Denn es hat so wenig Goldgehalt wie etwa ein Goldbarschfilet, die goldene Abendsonne oder ein Goldhamsterweibchen. Im Format ähnelt es vielleicht der biblischen Bundeslade etwas. Nur, daß es von den vielen Händen, die an ihm herumfummelten, so schäbig und abgegriffen ist wie ein williges Mädchen aus dem Imex-Haus. Milde lächelt auf der ersten Seite im Großformat Sankt Benno, der Schutzpatron der kleinen Welt um den Alten Peter, dem Betrachter entgegen. Und die Jahreszahl 1888 darunter schaut aus wie ein preußischer Gefreiter, der mit drei dicken bayerischen Rekruten einen Spähtrupp anführt. Der Überzug stammt vermutlich von einer längst verdauten niederbayerischen Sau. Und der Interessent schlägt die erste Seite auf.

Früher hätte er wahrscheinlich sofort eine respektvolle Glaspapierhaut bekommen vor prickelnder Ehrfurcht. Und seine Hammelbeine hätten ganz von selbst »Habt acht« gemacht. Denn als erste Eintragung marschiert ihm der Servus vom Kaiser Wilhelm entgegen. Der Neugierige ist zwar kein Graphologe, aber wie er das aufgeblasene »W« Seiner Wichtigkeit so anschaut, da weiß er endlich auch, woher der Ausspruch kommt: »Das ist aber ein dikker Wilhelm.« Seltsamerweise hat der Herrscher aller Preußen seinen erlauchten Namenszug jedoch nur ganz zaghaft an den linken oberen Rand des riesigen Blattes gesetzt. So, wie sich eine Wirtin in angedeuteter Bescheidenheit vielleicht schnell mit einer halben Backe auf dem Stuhl ihrer Stammtischgäste niederläßt. Als ob die Münchner so notig wären, daß sie für einen Kaiser nicht einmal eine ganze Seite Papier übrig hätten.

Und die nächste Kritzelei stammt vom ersten Turnfest 1897. Doch entdeckt der Leser nicht einen einzigen Namen eines Läufers oder Athleten. Es scheint also auch seinerzeit schon die Diktatur der Funktionäre geherrscht zu haben. Da sich nur »Oberturnwarte«, »Organisationsleiter«, »Zeitabnehmer« und sonstige Bauchaufschwung-Manager verewigt haben. Lauter Wichtelmänner, deren Namen so wenig in die Geschichte eingehen werden wie jene der Mörtelrührer von der Chinesischen Mauer.

Aus Anlaß der großen Manöver hat sich dann der gesamte preußische Generalstab in Münchens Renommierfibel eingraviert. In der Mitte wieder der Willem. Der diesmal seine Anwesenheit mit dem lateinischen Kommentar versah: »Suprema lex regis voluntas«, was zu deutsch ganz schlicht heißt: »Das oberste Gesetz ist der Wille des Königs.« Und diese Bemerkung erregte bei vielen bayerischen Patrioten großes Ärgernis und erhöhten Blutdruck. Zahlreiche weißblaue Eigenbrötler sollen sich daraufhin ihren bereits stark nach oben geringelten »Es-ist-erreicht«-Bart wieder abrasiert und beim abendlichen Dämmerschoppen den in Hirschleder verpackten Kofferraum demonstrativ in Richtung Berlin gedreht haben.

Endlich, 1889, auch ein Name, der dem Ortsansässigen in seiner frühesten Kindheit schon ein Begriff war. Frithjof Nansen, der Forscher und Menschenfreund. Der Vater des Nansen-Passes. Seine Unterschrift ist mindestens genauso abenteuerlich wie sein Leben. Andere Bekannte folgen. Freiherr von Gebsattel, der Entdekker des gleichnamigen Münchner Berges. Die Buchstaben sind weit nach vorne gebeugt, wie wenn sie den Gebsattelberg selbst mühsam bestiegen hätten. Bayernprinzessin Pilar hat aus ihrem Anfangsbuchstaben ein komisches Männchen gebaut und darunter ein Grasgekritzel gemacht, so daß das ganze ausschaut wie ein Osterhäschen im Nest. 1913 dann zum letztenmal der strahlende Hohenzoller. Wieder mit geschwollener »W«-Brust und flankiert von zahlreichen Generälen, die ihren Namenszug so schlampig auf das teure Papier hauten, als hätten sie mit den Säbeln unterschrieben. Auf diesem Blatt findet der Betrachter auch so etwas wie einen fetten Daumenabdruck des erlauchten Sesseldrückers. Und er könnte sich vorstellen, daß seine Exzellenz vielleicht vorher beim Weißwurstessen weilte und sein Adjutant, an dessen Rockschößen er sich sonst die Finger abzuwischen pflegte, gerade nicht greifbar war. Es folgen noch Richard Strauss, Graf Zeppelin und der Erfinder des Stiftenkopfes, Paul von Hindenburg. Und dann Erich Rademacher, der Wunderschwimmer. Das Idol aller minderjährigen Wasserpantscher aus des Beschauers Barfußtagen. Damals, als noch jeder Randsteinläufer sich den Namen irgendeines Sporthelden zulegte und »Nurmi« hieß, oder gar Jack Dempsey. Da gab es unter den Spezln des jetzigen älteren Herrn auch so einen frühen Fan, den Lumpen-Karli. Und weil das der »Rademacher« war, sprang er zum Beweis seiner Echtheit einmal mit dem ganzen Gewand in die Isar und wäre unweigerlich ersoffen, wenn ihn nicht der Hausmeister Herrlich herausgezogen hätte. Der brachte ihn dann zu seinem Vater, einem Altwarenhändler. Dieser bedankte sich für die Rettung seines Sprößlings in mageren Worten. Und weil er ein sparsamer Mensch war, fügte er seinem »Vergelt's Gott« auch noch die gemurmelte Frage hinzu: »Ja, aba wo is'n sei Kapperl?«

Siehe da, 1926 auch schon Gustav Fröhlich. So jung noch und schon berühmt, muß der Leser denken. Ferner entdeckt er viele exotische Fürsten, deren Faksimile meistens ausschaut wie eine zerdrückte Stechmücke. Den seltsamsten Namenszug aber hat zweifellos Gerhart Hauptmann hinterlassen. Dieses Langstrekken-Autogramm, das eigentlich nur aus Punkten und Strichen besteht, schaut fast aus wie ein Funkspruch aus dem Jenseits. Und dann fehlen plötzlich tausend Jahre in dem alten Münchner Erinnerungsbuch. Dabei hätte der Neugierige so gerne wieder einmal jene unglückselige Namensrune des großen Verführers mit den seltsamen Buchstaben gesehen, die alle auf dem Gesicht liegen. Als er jedoch dann genau hinschaut, entdeckt er, daß gerade an dieser Stelle manche Blätter auf der Seite des Einbandrükkens einen weißen langen Klebstreifen haben. So, als hätte irgend jemand an der Vergangenheit herumgebastelt. Es hätte ja schließlich sein können, daß auf den fehlenden Seiten einige Namen von Prominenten standen, die heute nicht mehr dort stehen möchten. Damit es halt nicht von ihnen heißt: »Er schrieb an seiner Seite.« Nun ja, meint der alte Münchner, das wird wohl nicht alles so wichtig sein. Wen interessiert das schon noch, wo die tausend Jahre geblieben sind. Und der, der es wirklich wissen muß, der weiß es ja sicher. Denn von dem heißt es ja, daß bei ihm schon immer tausend Jahre wie ein Tag waren. Und ein Tag wie tausend Jahre.

Windjammer

Gemeint ist diesmal nicht jenes stolze Segelschiff, das in der Phantasie der Romantiker immer noch auf allen Meeren herumfährt. Sondern jener Windjammer, der den Münchnern in willkürlichen Zeitabständen in sämtliche Glieder fährt und der im Lexikon oder anderen gescheiten Nachschlagewerken »Föhn« heißt. Dieser Teufelstaifun ist eine Münchner Erfindung. Und es ist unfair, daß sich neuerdings auch schon verschiedene andere Gemeinwesen anheischig machen, ihn für sich zu reklamieren. Denn, den richtigen Föhn gibt es wirklich nur in München. Alles, was anderswo vielleicht auch als Föhn bezeichnet wird, ist nämlich bloß ein ganz normaler warmer Wind. Nur unsere Stadt ist tatsächlich föhnig. Das übrige Abendland dagegen windig. Und dieser schelmische Schirokko weht nicht nur zur Sommerszeit. Nein, auch im Winter, wenn es nicht schneit.

Was kann gegen ihn schon ein umfangreiches Azorenhoch ausrichten! Oder die Wettervorhersage eines amerikanischen Satelliten. Gar nichts. Denn wie das Wetter bei uns wird, das bestimmt kein Barometer und kein Laubfrosch, sondern lediglich der Föhn. Dieser Fimmel-, Fummel-, Fuchtelwind.

Und er ist auch sonst noch an allem anderen schuld. Da gibt es sogar vor Gericht vielfach mildernde Umstände, wenn sich irgendein armer Sünder darauf hinausredet, es hätte zur Zeit seiner Missetat so eine böse Bö geweht. Es soll sogar beim Kultusminister schon ein Antrag eingebracht worden sein, bei stärkerem Föhn schulfrei zu geben. Weil die windgestörten Herren Lehrer an diesen Tagen viel zu schnell mit dem Tatzensteckerl zur Hand seien.

Am meisten befallen werden von dieser flüchtigen Seuche unglücklicherweise gerade die treuesten Söhne unserer Stadt. Die nachgewiesenen Ureinwohner nämlich. Und sie unterscheiden sich in drei exakte Gruppen. In die »Vorföhner«, die schon viele Stunden, bevor Beelzebub seinen lauwarmen Odem von den Ber-

gen herunterbläst, leiden müssen. Dann in die »Hauptföhner«, denen die böse Brise direkt ins Gesicht wehen muß, daß sie was spüren. Und in die »Nachföhner«. Eine besonders unglückliche Sorte von Spätzündern, die erst dann befallen werden, wenn die anderen schon wieder normal sind.

»Am liebsten morgens ich sterben mag«, stöhnt der Föhnbruder mit dem Dichter. Schon beim Aufstehen tun ihm nämlich alle Haare einzeln weh. Dem Kahlköpfigen sogar jene, die ihm längst ausgefallen sind. Und er fühlt sich so elend, als hätte man ihn mit dem Reibeisen frisiert. Im Kopf aber trägt er einen uralten, grauen Kartoffelknödel herum, den kein Mediziner mehr als Hirnsubstanz bezeichnen möchte. Und die Luft ist überall wund, weh und gereizt. Man möchte sie am liebsten in Fläschchen abfüllen und bösen Menschen auf Weihnachten schenken. In den Straßen scheppert und klirrt es unentwegt. Denn auch Gottfried Daimlers blecherne Erben sind vom Föhn befallen. Mit tückisch gesenkten Stoßstangen gehen sie aufeinander los und nehmen sich gegenseitig völlig grundlos auf die Hörner. Während die Wagenlenker selber so lange an ihren bleichen Köpfen bohren, bis sie den Zeigefinger kaum mehr aus den Schläfen herausbringen. Und den Schutzleuten gehen fast immer ihre Bußgeldblöcke aus. Wenn der warme Wahnwind weht, passiert einfach alles, was nicht passieren soll. Die Kellnerin schüttet dem Gast die Suppe in den Schoß, statt in den Teller. Der Koch verwechselt das Mehl zum Gulaschstäuben mit dem Gips für die Mauslöcher. Der Schneider verwechselt das Maß und der oberbayerische Bua das Kammerfenster und steigt irrtümlich bei der hocherfreuten gropfatn Zenzi ein.

Wenn man in diesen Zeiten aber auch noch normale, lachende und ungereizte Menschen antrifft, so kann es sich bei ihnen lediglich um Touristen, Reisende oder frisch eingebürgerte Bewohner handeln. Diese haben dann meist nur ein müdes Lächeln für einen »Föhner« übrig. Und sie feixen, frozzeln und flachsen auch noch über die Opfer des mörderischen Monsuns. Doch ihnen, die sich vor dieser Heimsuchung so sicher fühlen, sei vielleicht ein kleines Gedicht in ihre unbefleckten Tagebüchlein über den Föhn geschrieben, das mit den Zeilen enden könnte: »Noch läßt er dich kalt, doch warte nur, bald föhnest auch du.«

Krokuszeit

»Frühling läßt sein blaues Band wieder flattern durch die Lüfte«, zitieren lyrische Leute, wenn es lenzt. Und sie meinen wohl jenes blaue Band, von welchem ganz sicher auch der Ausdruck »anbandeln« herkommt. Allerdings wird dieses Bandl für manche dann zu einem handfesten Ehestrick und zu einer Schlinge, in welcher sie vielleicht arg zappeln werden. Aber immer wieder sagt halt die Natur um diese Jahreszeit fröhlich und unbekümmert: »Auf ein Neues.« Grün ist wieder Trumpf, doch Herz sticht alles. In diesen Wochen, wo der Krokus und andere Küsse gleichermaßen begehrt sind. Denn wie schnell ist doch die Zeit der Kniestrümpfe und der Treueschwüre vorbei. Und dann nahen wieder die Monate der Herbstzeitlosen und der knöchellangen Unterhosen.
Drunten am Schwabinger Meer und auf den Serpentinen um den kleinen Hügel der Sehnsucht, den Monopteros, drehen Liebespaare, Jünglinge, alte Träumer und stille Hagestolze ihre Runden. Schüchterne Studenten mit feuchten Händen sind hinter kühlen Blondinen her, die den Kopf so hoch und unbeweglich tragen wie ein frisches Glas Helles, das Angst hat, überzulaufen. Und auf den Bänken sitzen bereits die ersten Schwiegermütter und strikken für den neuen Jahrgang. Sie stricken ganze Schafherden kahl, und der Faden geht ihnen nie aus. Weder der auf dem Schoß noch jener ein Stockwerk höher. Märchenbuchmädchen tänzeln im Ringelreihenschritt auf dem Kies und singen: »Dreimal drei ist neune, du weißt ja, wie ich's meine.«
Und drüben in Wahnmoching werden die Unterröcke unruhig. Vor den Bistros rekeln sich auf den makkaronibeinigen Faulenzerschemeln die Schönen von Schwabylon. Oder sie gehen auf Beinen, die bis unter die Ohren reichen, vorüber, und unter ihren Batist- und Seidenblusen ist irgendwas los, was eigentlich angebunden sein müßte. Wipp, wipp, hurra. Manche still gewordenen Botaniker und Apfelfreunde, die heute keine nasse Zeitung mehr

zerreißen können, denken beim Anblick all dieser Pracht und Herrlichkeit gewiß schmerzlich an das wahr gewordene Wort: »Von allen Bäumen des Paradieses kannst du essen, von diesem aber nicht mehr.« In den Randsteincafés, die sich trotz aller Hindernisse zwischen mürrischen Kränen, gähnenden Baugruben und heftig sprossenden Pappeln immer wieder einnisten, wird in der Mitte eine hohle Gasse freigelassen. Eben jene, durch die sie kommen müssen, aber keine gestrengen Landvögte, sondern Starlets, Sternchen und Studenten, halbzornige Zimmerherrn, Kopfkissenvertreter und langhaarige Heizkissen. Manche nehmen den Weg so energisch zwischen die Beine, wie riesige Schneiderscheren den Stoff. Andere gehen ganz exakt und langsam wie ein Sekundenzeiger auf teueren Stoppuhren. Der Peppino aus Kalabrien ist auch wieder da zum Bedienen. Er hat schwarze Anthrazitaugen, schwarze Haare und kurze, aber ebensolche Fingernägel. Und er arbeitet immer mit demselben Trick. Gefällt ihm eine sündige Nachmittagsschraube ganz besonders, so stellt er ihr wortlos ein Kännchen und eine Tasse hin. In der kleinen Silberurne befindet sich aber kein Kaffee, sondern ein gerollter Zettel. Darauf ist eine Zeichnung vom nächsten Hauseck, die Zahl 8 und das Wörtchen »amore«. Der angepeilte Zahn braucht dann nur noch »sì sì« darunter zu kritzeln. Aber auch vornehme Ladys rekeln sich dezent und gekonnt im milden Licht. Sie reichen hin und wieder mit spitzen Fingern ihrem tintenblütigen Pudel ein Kekschen und schreiben irgendeine Ansichtskarte an irgend jemand. Sie haben meistens blasse Nylonlippen und einen Mund wie ein herzkranker Karpfen, dem soeben die Geliebte weggeangelt wurde. Und es ist immer sehr still, wenn sie dann gehen. Wenig indes freut sich der alte Kellner Christian, der unter den jungen Hofgarten-Linden die Schlappertörtchen und den verlangten Capuccino serviert. Er hat in seinem Kellnerleben wohl dreimal die Erde umkreist und im Grunde genommen ebenso sinnlos wie die zweite Stufe einer Apollo-Kapsel. Denn außer einem halben Dutzend Hühneraugen, die sich ausnehmen wie die Knöpfe einer Ziehharmonika, vier versehentlichen Hundebissen, zwei geschiedenen Ehefrauen und einem Kopf, der einem Renngaul immer ähnlicher wird, hat sein langes Trinkgeldleben keine besonders erfreuliche Bilanz aufzuweisen. Der Christian ist nämlich ein arger Tierliebhaber, und er füttert seit Jahrzehnten fleißig und brav die vereinigten Gestüte von Riem und Daglfing, wie seine Freunde behaupten. Tatsächlich aber finanziert er mit seiner Wettleidenschaft auch noch den Winterhafer für französische und italienische Gäule. Wenn er aber wirklich manchmal gewinnt, so hat er sich am Abend todsicher aus Freude über sein Glück und seinen Pferdeverstand beim Kassa-Machen saftig verrechnet. Dann wiehert er beim Heimgehen mißmutig vor sich hin und zieht verdrossen den linken Hinterhuf nach.

Kleine Bettgeschichten

Es gibt in München ein riesengroßes Bett, in dem an schönen Tagen und in ebensolchen Nächten viele hundert Jünglinge und Männer zusammen mit einer ungemein kurvenreichen, aber kühlen Dame manch herrliche Stunde verbringen. Nämlich das Isarbett mit seiner harten, aber sauberen Steinmatratze. Und an manchen Tagen, wenn die meisten Asphaltmenschen das Reisefieber befällt, verkriechen sich die Daheimgebliebenen hier wohlig und zufrieden unter den grünen Weidendaunen, oder sie rekeln sich auf der Sandbanksteppdecke, die von der Marienklause bis hinab zum Kabelsteg reicht. Für sie bleibt die leise vor sich hin murmelnde und immergrüne Isar auf ewig die Geliebte ihrer Jugend.

Für die alten Spaziergänger jedoch, die mit dem Schnauzl und dem Hacklstecken die Gefilde ihrer versunkenen Bubenwelt durchstreifen, ist der Isardschungel immer noch so interessant und abenteuerlich wie in den Karl-May-Tagen. Und besonders, wenn das jährliche Hochwasser war, ziehen diese alt gewordenen Hühnerfeder-Komantschen in ganzen Scharen isaraufwärts, um zahlreiche Eindrücke von der allerwinzigsten Sorte zu sammeln. Die frisch gebadeten Weidenbüsche sehen so zottelköpfig aus, als hätten sie alle den Kamm vergessen. Um die Stämme der Bäume schmiegen sich Nester aus Zweigen und Schlinggewächsen wie unmoderne Frisuren um den müden Nacken alter Weiber. Und tatsächlich kommen auch ein paar Muadderl mit Kindern, kleinen Sägen und ausgedienten Leiterwägelchen daher, die noch immer in glaubhafter Armeleutemanier die angeschwemmten Äste sammeln. Und auf einmal entdeckt einer von den kleinen Strandläufern im Schlamm auch noch eine verbeulte Trompete. Er hebt sie vorsichtig auf, und da schnalzt vorne aus der Mündung ein daumenlanger Stichling heraus. Sicher fragt sich der Bub jetzt, was das Fischerl bloß in diesem Blasinstrument tat. Vielleicht wollte es gleich gar Musik studieren. Direkt unter der

Brücke liegt ein großes gelbes Schild mit der Aufschrift: »Umleitung.« Das zeigt haargenau in die nahen Mietgärten hinüber, die der Fluß so bösartig verwüstet hat wie ein wild gewordener Betrunkener. Zwei starke Männer treiben nebenan seufzende Eisenkeile in einen Wurzelstock, den die Wellen liegen gelassen haben. »Eäkh« macht der eine Mann bei jedem Schlag. Und der getroffene Stock stöhnt in derselben Tonlage zurück. Nahe am Uferrand liegt ein Berg Buchenäste, und ein großes Holzscheit ist auch dabei. Auf einem Pappendeckel ist zu lesen: »Gesammelt von Maria Magenschwer, Freibadstraße. Bitte liegen lassen.«
Hinter jedem Strauch schaut der junge Beach-Bomber nach, ob da nicht vielleicht die geheimnisvolle Kiste aus Indien angespült wurde, wie die Konterbande an einen fernen Meeresstrand. Gefüllt mit König Salomons Diamanten womöglich. Die würden ihm dann ganz allein gehören. Und er könnte mindestens hundert Radlrutsch dafür kaufen. Vorerst jedoch findet er nur ein leeres Medizinflaschl, auf dem zu lesen ist: »Dreimal täglich zwanzig Tropfen.« Dann entdeckt sein Schwesterlein, das hinter ihm nachtrippelt, ein Papier mit großer verwaschener Handschrift. Das Brüderlein meint, dies wäre vielleicht ein Testament, oder mindestens ein geheimnisvoller Plan von einem vergrabenen Dukatenschatz. Die beiden zeigen es der verhärmten Handwaglmutter. Und die stellt schnell fest, daß es sich lediglich um den Lieferschein einer Försterei bei Bad Tölz handelt.
Später prüft der Bub eine Malzmilchbüchse aus Chikago, ob das Blech vielleicht stark genug wäre für ein Kriegsbeil. In dem kleinen Altwasser sucht er nach einem großen Hecht, der sich verirrt hat und den er seinem Papa abends auf den Tisch legen möchte. Tatsächlich findet er zwischen den Wurzeln auch ein fingerdikkes Fischlein, das das Maul weit auf hat. Der kleine Abenteurer bläst hinein als Wiederbelebungsversuch. Aber sein Schwesterchen sagt entsetzt: »Bäbäbäbä.« Die Mutter hat indes schon zum drittenmal einen Arm voll schöner dicker Prügel zum Handkarren getragen. Da gräbt das Schwesterlein plötzlich einen Puppenkopf aus dem Sand. Leider fehlt ihm der Kopfdeckel, aber man

kann die Bleigewichte bewegen, dann rühren sich die Augen. Das probiert das Brüderlein öfters, aber die Schwester protestiert sofort: »Tu ihr ja nicht weh!« Und etwas später streichelt sie das verwaschene Porzellangesicht und sagt: »Darfst schon bei mir bleiben, gell.« Nacheinander fördert der kleine Vorstadt-Robinson noch eine hölzerne Krautgabel, einen französischen Stahlhelm und ein kleines Rehgeweih mit der Aufschrift: »18. 9. 1894 Hohenpeißenberg« aus den angeschwemmten Wülsten. Er hebt das Geweih an seine Stirn und stößt einen schaurigen Kriegsruf aus. Der Indianer-Kopfschmuck ist gesichert.
Und dann sehen die zwei den toten Hansi liegen. Gelbballig und den Kopf ganz eingezogen, als ob das gegen das Ertrinken was nützen würde, liegt er da. Da graben sie dem Hansi ein kleines Loch, und der Bub steckt oben in den winzigen Hügel die Krautgabel hinein. Memento mori.

Stiller Sonntagnachmittag

Das Franzosenviertel draußen beim Ostbahnhof ist schläfrig und ausgestorben wie zur gleichen Zeit vielleicht das romantische spanische Städtchen Aranjuez oder der Balladenort Cosenza. Wo die Goten einst ihren Alarich im Busento begruben. Nur die Straßennamen erinnern ganz alte Leute noch an Schlachtenlärm und verklungene Heldenlieder. »Gravelotte«, »Orleans«, »Metz« und »Belfort« steht auf den blauen Schildern an den Häuserekken. Und dort auch »Sedanstraße«. Bei der Nennung dieses Namens muß der Witwer Martin Maulschwer immer an das Lied denken, das ihm sein Großvater manchmal vorgesungen hat. »Bei Sedan wohl auf den Höhen.« Weiter weiß der Martin den Text auch nimmer. Aber er summt die Melodie jedesmal, wenn er am Sonntagnachmittag durch diese stille Gegend wandert, wie der dritte Mann eines versprengten Spähtrupps.

Vor dem Haus Nummer vierzehn in der Pariser Straße fallen dikke Tropfen auf das warme Trottoir, wie wenn ein kleines Mädchen um einen verlorenen Hausschlüssel weinen täte. Doch die zerplatzenden Zähren kommen aus der kleinen Gießkanne der braven Frau Hagen, die im dritten Stock ihre Geranien wieder einmal viel zu stark gewässert hat. Und dann wie immer sofort ins Zimmerdunkel zurückflüchtet. Denn sie weiß es ja selber, was da alles passieren kann. Mein Gott, wenn jetzt die böse Schedlin vom Hochparterre ihre Plumeaus gerade herausgehängt hätte. Das gäbe ein schönes »Hofkonzert im Hinterhaus«. Weil die Schedlin doch ein Maul hat wie ein Schwert und Haare auf den Zähnen. Die verschüchterte Frau Hagen hat sich einmal erzählen lassen, daß dieser Ausspruch eigentlich ganz anders heißt, nämlich: »Die oder der hat Haare auf den Zehen«, nicht auf den Zähnen. Das soll nämlich von einer ganz besonders tückischen Affenart herstammen, die große Büschel Haare auf ihren zehn Fußgliedern besitzt. Sicher hatte die Schedlin auch solche. Man müßte sie halt einmal barfuß laufen sehen.

Seit einer Viertelstunde schaut der Geflügelhändler Schmetterer aus dem ersten Stock in den kleinen Hof hinab. Dort sitzen ein paar echte Spatzen um eine Handvoll Käsespatzen herum, die von der Hausmeisterin einfach vom Balkon hinuntergeworfen wurden. »Für d' Vögerl.« Maximilian Schmetterer hat oben herum sein Sonntagshemd an, aber untenherum nur eine lange Unterhose und schlappe Ringelsocken. Er sieht nicht besonders einladend aus von hinten her, doch seine Frau schaut sowieso schon lange nicht mehr hin. Der langsam verdauende Gänsewürger blinzelt immer wieder aufmerksam auf die graue Hauskatze hin, die von Zeit zu Zeit so flach wird wie die Edelmarder, welche sein Weib am Sonntag zum Kirchgang umlegt. Und wenn dann der kleine Wurstzipfel-Tiger auf Plüschpfoten an die schreienden Sperlinge heranschleicht und auf Sprungweite dort ist, wobei er sich im Geiste bereits die Serviette zur wohlschmeckenden Mahlzeit umbindet, dann macht der Maximilian schadenfroh »gsch, gsch«. Und dann fliegen die erschreckten Brotbrösel-Adler auf die Hofmauer hinauf. »Ja, so ist halt der Mensch«, denkt womöglich der rote Gartenzwerg in dem Terrarium dazu, das im zweiten Stock gegenüber der Trambahner Glötzl aufgebaut hat. »Selber jeden Tag schlachten. Aber an kloana Katzerl nix vergönnen.«

Indes zieht der Wittiber Martin Maulschwer weiter seine Kreise. Wie immer bleibt er an den Schaukästen des Hochzeitsphotographen stehen und betrachtet lange das rührende Glück hinter Glas. Zwei neue Paare sind diesmal drin. Und auf jedem Bild blickt der frische Hochzeiter an der geschickt retuschierten Nasenspitze seines Myrtenkranz-Frauchens vorbei auf ein unbekanntes Ziel zu. Im Aufgebotskasten der neugotischen Kirche hängen auch schon wieder ein paar Versprochene. Eine Walburga Lobgesang ist darunter. Walburga, so hat doch auch die Selige vom Martin geheißen. »Geborene Bös«, was sie aber gar nicht war. Und er denkt an das ovale Bild daheim im verwitweten Schlafzimmer. Wie aus einem Fenster der Ewigkeit schaut dort die Walli auf seine einsame Bettstatt herab. Seit achtzehn Jahren

schon. Doch der Martl kann dem sanften Untersuchungsrichterblick mit klarem Auge standhalten. Er hat längst nichts mehr zu verbergen. Gott sei Dank, meint er selber.
Gegen sechs Uhr abends geht der alte Mann wieder heimwärts. In der Weißenburger Straße bleibt er noch kurz stehen und liest die handgeschriebene Speisenkarte seiner Stammwirtschaft. »Nudelsupp mit Huhn«, das »e« der Suppe hat die neue Kassiererin Olga nicht mehr ganz draufgebracht, weil sie immer so groß schreibt. Oder sie hat es vergessen. Witwer Martin wird aber lieber daheim essen. Es ist noch ein Rest Rindfleisch auf einem Teller vor dem Fenster da. Und auch ein bißchen Bohnengemüse. Hoffentlich ist es nicht sauer. Nachher wird der stille alte Mann vielleicht noch auf eine Halbe an den Stammtisch gehen, der auch immer kleiner wird. Das heißt, wenn er nochmal in seine Schuhe hineinkommt. Denn von seinem Rundgang hat er schon wieder dicke Füße gekriegt. Ausgerechnet er, wo er doch einmal Streckengeher war auf der Isartalbahn. No ja, wenn's wirklich nicht geht, bleibt er halt daheim bei seinem Flascherl Bier. Und unterhält sich ein bisserl mit seiner eingerahmten Walli.

Heimweg im Frühling

Der Spaziergänger ist ihn schon hundertmal gegangen. Den Weg vom dunkelgrünen Preßsack-Hain des Augustinerkellers nach Hause. Doch jedesmal ist es wieder ein neuer Film oder Titel, der dabei im Vorübergehen vor ihm abrollt.

Das beginnt bereits beim großen Postamt in der Hopfenstraße. Die Fenster sind meistens halb offen wie die Augenlider eines Beamten, und der Spaziergänger schaut eine Zeitlang zu, wie die hunderttausend Briefsachen sortiert werden. Dankschreiben aus Dinkelsbühl, Bittbriefe aus Bitterfeld, Zahlungsbefehle aus Zusmarshausen und Treueschwüre aus Traunstein. Hoppla hopp, schwupp di wupp und ab damit. Und schon landen sie in den Versandsäcken, die ihre Mäuler fast so weit aufgerissen haben wie die Wahlredner vor dem Tage X. Eine bildhübsche Miß Nachnahme ist auch bei den Sortiermädchen. Sie scheint eine Drucksache unter der Blümchenschürze empfangen zu haben. Aber mindestens schon vor sechs Monaten. Voller Bastlerstolz ruht der Blick des Kollegen Gustl auf dem strammen Paket. Er kennt diese Zustellung. Er ist ja schließlich der Absender.

An der Marsstraßen-Ampel trifft der Schlenderer fast jede Nacht dieselbe miese Figur. Irgendein schäbiger Liebediener ist es, der mitten in der Nacht den Straßenverkehr kontrolliert und zahlreiche Autonummern aufschreibt. Wahrscheinlich kennt er keinen anderen Verkehr mehr. Sonst würde er doch im Bett sein und sich um Mitternacht nicht auf der Kreuzung einer Straße amüsieren.

Im Alten Botanischen Garten bewegen sich überall die Sträucher, obwohl es doch windstill ist. Die schnellen deutschen Bräute sind wieder einmal unterwegs. Und sie greifen unter Rhododendron und verschwiegenen Farnkräutern die Azzurris an. So sparen sie wohl das Fahrgeld für die Omnibusse nach Jesolo und Rimini. Sie denken sich halt: »Ein Stück Gastarbeiter in der Hand ist mir lieber als eine leere Bettstatt an der Wand.« Auf dem

Beckenrand des Neptunbrunnens sitzt ein Mann und bläst auf einem Kamm das Lied »Wozu ist die Straße da, zum Marschieren«. Er hat die Hose hochgekrempelt und beide Beine im Wasser. Als der Wanderer näher kommt, sieht er, daß da gar keine Beine mehr sind.

Im Parkcafé indes wird noch getanzt. Zwei Pärchen wiegen sich auf dem Steinparkett, als würde der Kapellmeister gerade die Weise spielen: »Ja, was machst du mit dem Knie, lieber Hans.« Der aber geigt bereits die letzte Melodie und summt dazu leise mit: »Zum Abschied wasch' ich mir die Hände.« Und der Großstadtbummler blickt noch einmal scheu auf den Invaliden und murmelt im Weitergehen: So oder so ist das Leben.

Wer wohl ganz oben in der Turmspitze des Künstlerhauses wohnt? In dem genauso wenig Künstler zu finden sind wie Kaiser in einem Kaiserschmarrn. Denn bis zum Morgengrauen brennt dort oben immer Licht. »Feuerschiff Elbe I« denkt der nächtliche Wanderer. »Guggi«, die Dame vom Dienst, begrüßt den Nachtschwärmer wie immer in den Regina-Anlagen. Sie hat einen Rock, der hört bereits zwei Handbreit unter dem Kehlkopf auf. Gleich jammert sie wieder über ihr Personal. Aber jetzt hat sie einen wirklich braven Ludwig ergattert, erzählt sie. Der will sogar demnächst ein Reisebüro aufmachen. »Wohl mit dem Stemmeisen«, denkt der Zuhörer. Dann zeigt ihm die Guggi ein Bild von ihrem neuen Liebesingenieur. Er hat ein Gesicht, das schlimmer ausschaut wie die Vorderfront von Stadelheim. Doch der Beobachter sagt zur Guggi: »Direkt wie der Lewis Day.« Da ist das alte Stehaufmädchen zufrieden. Sie weiß ja auch nicht, daß der Day gehängt wurde.

Auf den Schlachtenbildern unter den Hofgartenarkaden tranchiert auch in dieser Nacht ein tapferer Bayer einen lautlos wimmernden Türken. Von den sechzig Autos auf den Durchgangsstraßen beginnen plötzlich zwei zu quietschen. Vermutlich probieren die Insassen die Federung aus. Unter der Türe eines bekannten Nachtlokals verteilt ein Manager gerade die Weiber und verfrachtet sie in die Wagen. Aber nicht nach dem System, »wer mit wem«, sondern »wer mit wem noch nicht«. Und das ist gar nicht so einfach. Eine armlange Ratte sitzt auf dem nahen Ruinensims und blinzelt mit Zyankali-Augen tückisch zu einem lächerlichen Schoßhündchen hinunter, das überhaupt kein Problem wäre. Gerade als der Tritschler in die Zielgerade einbiegt, schleppt ein öliger Fremdländer die »Königin der Nacht« persönlich zum Portier des vornehmen Hotels hin. Ein Zimmer will er haben, und es wäre sehr notwendig, meint der Sportsmann. Der reich verzierte Torwart aber winkt nur lässig ab. Vielleicht glaubt er nicht an die Dringlichkeit des Anliegens.

An den Wassern von Schwabylon

Nun schmurgeln sie endlich wieder. An den kühlen Wassern von Schwabylon. Die Nackten und die Roten, die braunen Witwen und die camembertbleichen Nichten der Frau Oberst. Und der Spaziergänger muß kopfschüttelnd denken, wie sich doch die Sitten geändert haben. Früher war braun nur immer die Farbe der Gewöhnlichen. Nur Knechte, Kulis, Kolchosenbauern oder Kanoniere waren sonnenverbrannt und kupferhäutig. Kokotten, Königskinder, Kameliendamen oder Kardinäle aber waren selbstverständlich blaß. Bleich war die Farbe der Vornehmen. Das ging sogar so weit, daß eine wirklich edle Lady auch an Bleichsucht starb. Doch heute ist nur mehr der Kümmerling oder ein Schreibstubenhengst bläßlich und unterbelichtet. Der andere dagegen, der es sich leisten kann, demonstriert schon mit seinem Winnetou-Teint, daß er die Sache, die man Arbeit nennt, zutiefst verachtet. Manchmal rechtfertigt er seinen Bronzeüberzug aber auch mit dem religiös-philosophischen Hinweis: »Wenn der liebe Gott schon eigens die Sonne anzündet, ist es einfach ein Frevel, das nicht zur Kenntnis zu nehmen.«
Solcherlei Gedanken bewegen den Badegast, der selber ein eifriger Verehrer des Zentralgestirns ist, immer außerordentlich, wenn er beispielsweise das Familienbad Floriansmühle, oder, wie es auch im lässigen Schwabinger Slang genannt wird, die »Flohmühle«, besucht. Wenn er nicht gerade lieber das »Hurlet-Aquarium«, wie sie das feuchte Herz von Wahnmoching, das Ungererbad, auch heißen, bevorzugt. Nun, die Flohmühle ist wohl die schönste Plätscher-Küste Münchens. Wenn das Wasser nicht wäre. Das sieht nämlich manchmal so aus, als hätte es irgend jemand auf seinem langen Anmarschweg schon einmal getrunken gehabt. Und im Herbst ist der »Floh« leider auch noch der Einsatzhafen von unzähligen viermotorigen Bremsen-Geschwadern. Die alle Dreiviertel-Nudisten dann bis auf die feinsten Kapillaren aussaugen. Wie das Finanzamt. Allerdings sind die Liegewiesen

andererseits auch immer dicht mit strahlgetriebenen Luxusbrummern bevölkert. Die schon früh am Tage in schicken Restaurants einen Zahn voll rotem Sekt zu sich nehmen und jetzt den Fernsehbossen, die hier in großer Zahl verkehren, mit flinken Petting-Augen ein bißchen gefällig sein wollen.

Im Ungerer dagegen treffen sich hauptsächlich Studenten und Studentinnen. Vorausgesetzt, daß sie nicht gerade protestieren müssen oder Transparente malen. Und dazu jede Menge Minimäuschen, Modelle, Midinetten und auch Gewerbslose unter der ultravioletten Hitzedusche. Und haben ein Auge mit Silberpapier abgedeckt. Wie die Nofretete. Denn mit dem anderen müssen sie doch die Bräunungsfortschritte der Konkurrenz beobachten.

Manchmal geht auch tatsächlich eine unter die Brause. Aber nur, um ein Beutelchen mit Magerquark oder ein Netz voll Supermarkt-Tomaten in den nassen Strahl zu hängen. Ihre Bäuchlein sind nunmehr fast alle mit dem goldenen Keuschheits-Kettchen verziert, das irgend ein Sugar Daddy stiften mußte. Dafür durfte er es natürlich auch selber anlegen. Ganz verrucht ist es aber, sich diese fadendünnen, güldenen Breitengrade ohne Verschluß direkt auf den Bauch schmieden zu lassen. Der Neugierige sah auch eine reifere Lady, die eine weißliche Liebesschlinge trug. Als er jedoch genauer hinschaute, mußte er feststellen, daß es nur eine Querfalte war. So was scheint ihm natürlich weniger reizvoll zu sein.

Der letzte Schrei jedoch ist augenblicklich ein bleistiftbreiter Streifen aus dicker, weißer Creme, den die hingestreckten Schönheiten beim Bruzzeln auf der Nase tragen. Das verhindert nicht nur, daß ein solchermaßen präparierter Zinken nachher ausschaut wie eine gebratene Debreziner. Sondern durch die abgedeckte Zone erhält der zarte Schnüffler auch noch ein ganz besonders schmales Profil. Die Erfinderin dieses Nasen-Looks ist die Schwabinger Tänzerin und Psychologin Gisela. Eine langbeinige Party-Sphinx, Nachfolgerin der sagenhaften Gräfin Reventlow und die eigentliche Entdeckerin der Faulheit. Ein aufregendes Männerschafott, sagen die Interessenten. Und man erzählt sich auch, wer dieses blonde Gerüst einmal erklettert hat, kommt nachher völlig kopflos wieder herunter.

Doch noch eine kesse Neuheit entdeckte der Betrachter. Die Beschriftung der Bikini-Slips nämlich. Da haben sich doch ein paar besonders schiefe Schwestern auf ihre Kaltwasser-Zwickel einige freche Sprüche draufmalen lassen. Wie zum Beispiel: »Achtung Hochspannung – Ehegefahr«. Oder auch nur schlicht: »Parken verboten«. Der Badegast sah unter dem röstenden Angebot viele köstliche Steaks von rosarot gebraten bis ganz durch. Doch auch ein paar zähe, schwerverdauliche Lendenschnitten waren darunter. Aber auch die blieben nicht übrig. Denn da nahte mit Bestimmtheit der Gastarbeiter Mustafa Iglanghi aus dem fernen

Balkandorf Mirgraustvorgornix, und er grub im Geiste bereits sein herrliches Gebiß in so ein Knautschlack-Modell. Denn er war ja schließlich an Bergziegen und Juchtenleder gewöhnt.
Die wirklichen Party-Mädchen aber, die schmal und appetitlich sind wie Weißbrotscheiben, die grillen sich mit großer Vorsicht und Überzeugung. Denn sie wissen es ja aus langjähriger Erfahrung, wie groß die Konkurrenz abends bei dem riesigen Büfett auf dem Boulevard Leopold ist. Und daß da nur die allerreschesten Toasts vielleicht eine Chance haben, auch belegt zu werden.

Straße der Gelegenheiten

Es gibt viele berühmte und interessante Straßen auf der Welt. Von der Via Appia bis zur Grande Corniche und von der Straße der Ölsardinen bis zum Broadway. Auch der Münchner Boulevard Leopold, so meint der Ortsansässige, kann sich allmählich in diese Rangliste einreihen. Denn er ist nicht nur die Hauptverkehrsader vom »sündigen Dorf«, sondern auch eine Straße der »Gelegenheiten«. Das beginnt schon gleich hinter dem Siegestor mit der riesigen Gebrauchtwagenschau, die zu einer ständigen Einrichtung der Avenue d'amour geworden ist. Hunderte von Schäserln, Flitzern, Gasolinkühen, Asphaltwanzen und Familienarchen stehen dort und warten mit flehentlichen Scheinwerferaugen auf einen neuen Herrn. Manche stehen wohl schon länger dort als die Pappelbäume am Wege und sind längst so verlottert, daß sie nicht einmal der Rost, der sie ursprünglich überall angebissen hat, noch aufessen mag. Einige sind auch bunt mit Blümchen bemalt wie Miesbacher Barockkommoden.
Und in einer Nebenstraße entdeckt der Spaziergänger eine ganz besondere Okkasion. Auf einem Zettel hinter der Windschutzscheibe ist folgendes zu lesen: »Einmaliges Angebot! Wir haben uns nach schwerem inneren Ringen entschlossen, unser Fannerl herzugeben. Es ist stadtkundig und verschwiegen, aber leider protestantisch. Jedoch mit großer Vergangenheit. Mädchen aus bestem Hause sowie die sündigsten Filmsternchen sind nachweislich schon drin gesessen. Kleiner Schönheitsfehler muß in Kauf genommen werden.« Und als dann der Interessent um das seltsame Gefährt herumschleicht, sieht er, daß das linke Hinterrad fehlt und durch drei Ziegelsteine ersetzt ist. Ein höchst seltsamer Pferdefuß. Auch direkt vor dem »Cadore« steht so ein verwahrloster Mustang mit Gummihufen. An ihm klebt ein Plakat, auf dem es heißt: »Strafzettel und Bußgeld-Bescheide völlig zwecklos. Besitzer unbekannt verzogen.« Bei einem dritten Wrack kommt der Schlenderer gerade dazu, wie der Eigentümer einem

eventuellen Käufer die Liegesitze vorführt. Dazu muß seine Freundin auf den Polstern entsprechend in Stellung gehen, und fünf lachende Typen schlagen allerhand Korrekturen bei dem Rücksitz-Mannequin vor. Es ist eine schöne Wäscheschau.
Zu den ausgesprochenen »Gelegenheiten« gehören auch schon lange die Parkplätze. Jede Lücke wird millimeternah ausgenützt. Und wenn der freie Spalt auch nur so schmal ist, daß selbst ein Pfannenkuchen bloß hochkant darin Platz hätte. Die smarten Boys schaffen es immer wieder, ihre Feuerstühle dort abzustellen. Freilich kommt es dann manchmal vor, daß die Vorderräder direkt in einer Kaffeetasse der »Città 2000« landen. Während die Hinterachse in dem dunklen Schoß einer frühvollendeten Kommunardin ruht. Weiter unten, direkt im Hahnhof, entdeckt der Bummler ferner eine einmalige Gelegenheit für Photographen. Da sitzen doch tatsächlich die leibhaftigen zwölf Apostel herum. Ratlos, verschlafen und bärtig. Als hätte der Hahn gerade zum drittenmal gekräht. So scheinen sie auf die Rückkunft ihres Ernährers, den man ihnen soeben weggenommen hat, zu warten. Auch ein rothaariger Judas ist dabei. Unter dem Mund hängt ihm ein kolossaler Kinnbesen in Richtung Westen. Dann offeriert ein dunkler Ehrenmann Hasch. Aber der Betrachter hält diese Substanz für zerbröselten Tee, mit dem Ohrenschmalz eines alten Ziegenbocks vermischt. Sicher kann einer an einer Zigarette, die mit diesem Stoff präpariert ist, so lange ziehen, bis der Bandwurm seinen Hemdzipfel im Mund hat. Und er wird davon so wenig »high« werden wie ein Kilometerstein.
Selbstverständlich gibt es in Klein-Babylon nicht nur die erwähnten Wagen aus zweiter Hand, sondern auch jede Menge Untersätze mit Stöckelschuhen, die schon mehrere Besitzer im Kraftfahrzeugbrief aufweisen. Vor dem Straßburger Keller sieht der Spaziergänger zwei sichtlich Verdrossene, die sich hartnäckig anschweigen. Und es ist ganz klar zu sehen, daß er sie nicht mehr will und daß sie »umständehalber« abzugeben wäre. Wer dann genau hinschaut, braucht nicht mehr zu fragen, welche Umstände das sind. Leider nämlich die sogenannten anderen.

Dann erzählt man dem Neugierigen, daß neuerdings auf dem Boulevard auch eine junge Dame aufgekreuzt sei, die genauso wie jene seinerzeit von allen Gazetten erwähnte Protest-Lady als sogenanntes Tast-Kino herumstehe. Gegen eine Gebühr von zwei Mark könne jeder Passant diese Gelegenheit beim Schopf bzw. bei ihren Salzburger Nockerln nehmen. Leider aber soll das Programm schon ziemlich alt sein und die Hauptdarsteller so flach und nichtssagend wie zwei Leberflecken. Und der Geschäftsgang demgemäß sehr flau. Dagegen hat ein pfiffiger Pflastermaler eine ganz besonders simple Gelegenheit gewinnbringend ausgenützt. Nämlich einen ganz gewöhnlichen Sprung im Zement. Genau um diesen dunklen Riß herum hat dieser Asphalt-Rubens die Totalansicht einer nackten Schönheit gemalt, und viele Männer lassen kichernd ihre Münze in jene Öffnung fallen, in der schon ganze Vermögen verschwunden sind.
Zum Schluß entdeckt der aufmerksame Wanderer auch noch eine Sandkiste, auf der viele Ankündigungen und handschriftliche Inserate kleben. Und er liest schmunzelnd: »Biete zweihundert Mark, auch als Arbeitsleistung, gegen Bude.« Oder: »Müdes Ehepaar sucht ebensolches zum gemeinsamen Aufpassen auf die Kleider.« Und auf einem besonders großen Plakat steht in charakterfesten Buchstaben geschrieben: »War jahrelang Angehöriger des Studenten-Schnelldienstes. Biete Arbeit. Such' das Weite.«

Vierhundertjähriger Hinterhof

Ein halbes Dutzend stille Hinterhöfe, steile Himmelsleiter-Stiegenhäuser und dämmrige Spitzbogengewölbe haben die nimmermüden Baggergebisse in der Münchner Altstadt gerade noch verschont. Drunten in der Westenrieder Straße, im Tal, im Sterneckergasserl oder beim Luginsland hinten. Und ein Vaterunser weit vom Zentrum entfernt sitzt die verflossene Zeit direkt noch unter einer riesigen Kastanie, dreht die schrumpeligen Daumen und kichert leise ins Fäustchen, weil man sie ganz einfach vergessen hat.

Drei Seiten des verschlafenen Dornröschen-Gartens werden von der Fassade eines ehemaligen Palais gesäumt. Die vierte bildet eine lautlos verbröselnde Ziegelmauer. Und in der Mitte des Gevierts steht eine wuchtige Biergarten-Palme. Viele hundert Kerzen leuchten im Mai in ihrem dunklen Blätterhimmel. Im Herbst aber, wenn der Gevatter Wind um den gewaltigen Stamm taumelt, rascheln die Blätter durch den Hof wie geröstetes Inflationsgeld. Von dem Mast einer Trauerweide, die gleich nebenan ihre Zotteln wie eine grünhaarige Loreley im Wasser des großen runden Brunnens wäscht, hängt eine Schaukel. Und gewiß werden gleich Schneeweißchen und Rosenrot kommen, um auf ihr zu hutschen.

Vor dem spitzmäuligen Hausgang, der ein bißchen verstohlen in die Gegend gähnt, liegt eine rote Marmorkugel. Eine von jener Sorte, wie sie der Münchhausen zum Reiten benutzte. Mehrere Ölfarbenheilige verlöschen langsam auf drei braunen Bretterbildern, die im gotischen Treppenhaus hängen. Gleich hinter der Tür zum Hof aber steht der Brunnen, von dem die ganze Straße schon immer ihren Namen hat. Aber im Rücken der brüchigen Marmorsäule, aus dem einmal silbriges Quellwasser in das rotgeränderte Becken plätscherte, ist nun ein trister Hahn aus Messing angebracht. Durch die bestäubte Werkstatt-Türe, die auf der Nordseite in den stillen Hof mündet, kommt ein Geruch von

Leim, Holzwürmern und Jahrhunderten. Auf dem Platz davor, auf dem der Boden weich ist wie geknetetes Hausbrot, stehen ein paar ehrwürdige Möbel. Ein pfeifender Lehrbub schleift mit Glaspapier an einem verschnörkelten Beichtstuhl herum, in dem gewiß noch ein paar vergessene läßliche Sünden nisten. Mit schläfrigen Augen schaut ihm dabei eine graue Hausmaus unter dem verwitterten Holzstapel zu.

Der kreisrunde Springbrunnen springt nur mehr ganz selten. Doch in der Mitte des Bassins reitet noch immer ein nacktes Buberl auf einem Fisch. Der steinerne Barsch macht dazu ein komisches Gesicht. Gerade so, als ob er jeden Augenblick niesen müßte. Wenn er's tatsächlich einmal täte, würde der freche Sandsteinreiter bestimmt herunterfallen. Und ertrinken. Weil er doch nicht schwimmen kann. Bei seinem spezifischen Gewicht.

Ein zartes Mädchen in rotem Kleid und einer schrecklich altmodischen weißen Schleife im Dünnhaar-Zöpfchen tadelt ihre Puppe und füttert sie dann mit köstlichem Schweißsand. Der Bub, der auf sie aufpassen soll, geht zum modernisierten Wasserleitungsbrunnen, dreht auf und läßt sich den Strahl haargenau, und ohne daß er irgendwo anstößt, in den zartrosa Schlund hinunterlaufen. Da sagt das Mädchen ganz zaghaft zu ihm: »Wer daraus trinkt, der wird ein Reh.« Der Bub schluckt noch zweimal nach, dann entgegnet er sachlich und kühl: »Geh, du spinnst ja.« Nachher macht er sich mit seinem Taschenmesser an der Baumrinde zu schaffen. Er will wohl seinen Namen hineinschnitzen. Früher wurde auch schon etwas in diesen Baum geschnitten. Ein Herz nämlich, das aber nun längst runzelig geworden ist und ausschaut wie ein uraltes Gesicht.

Wie durch einen Wattefilter dringen die Großstadt-Geräusche zu dieser Insel des Friedens herüber. Hinter einem Fenster im ersten Stock bewegt sich die lange Gardine mit dem Rüscherlsaum ein wenig. Von da her blickte einmal der Dichter Heinrich Heine auf den alten Hof hinab. Er hatte dort gewohnt und darauf gewartet, daß ihn der Bayernkönig berufen möge. Später wurde der große Dichter bitter und sagte nichts Gutes von dem stolzen Monarchen. Nun öffnet sich der gläserne Ausguck, und eine junge Frau mit langen glatten Haaren hängt sich suchend heraus. Bis sie den schnitzenden Buben sieht und dann laut hinunterruft: »Heini, hab' ich dir nicht schon hundertmal gesagt, daß du das nicht tun darfst!«

Da geht der Getadelte mürrisch weg und echot nur ein paarmal leise vor sich hin: »Ollawei Heine, Heine, Heine.«

Seifenblasen

Irgendwo hat der alte Mann einmal gelesen, woher die Felsensteine am Portal des verschlafenen Kirchleins in der Sendlinger Straße stammen. Zwei Brüder nämlich fuhren vor vielen, vielen Jahren auf einem Kahn die Donau hinunter, kamen in einen Strudel und leerten um. Da manche Menschen in solchen Momenten sofort an den lieben Gott denken, versprachen sie dem Herrn aller Steine und Gewässer, sie würden ihm zu Ehren die großen Granitbrocken, die sie in der Nähe sahen, in die ferne Stadt fahren und vor einer Kirche, die sie selber erbauen wollten, einmauern. Das war nun wohl für den Schöpfer ein so imponierendes Angebot, daß er die beiden errettete. Und deshalb liegen nun die grauen Brocken zu München vor der Asamkirche.

Als der sinnierende Grauschimmel an ihnen vorbeitrabt, um in die ehrwürdige Gottesvilla ein bißchen hineinzusehen, lehnt ein kleines Mädchen an den winzigen Karawanken. Es hat eine gelbe Pralinenschleife im Haar und schaut fast aus wie ein Zitronenfalter, der sich in eine Einbahnstraße verirrt hat. Gerade holt das Kind eine Blechhülse aus der Tasche des altmodischen Schürzleins, schraubt sie auf und beginnt, durch einen runden Ring Seifenblasen in den Himmel hinaufzuhauchen. Und wenn die schillernden Zauberkugeln dann in die Luft entschweben wollen, sticht sie die Kleine mit ihrem Zeigefinger tot. Dazu trällert die verträumte Hängezopf-Marile das Lied von der schönen Lilofee. »Es freit ein wilder Wassermann auf der Burg wohl über dem See . . .«, singt das Mädchen mit dünner Mundharmonikastimme. Und auf einmal sagt es zu dem einsamen alten Herrn: »Grüß Gott, Mann.« Da lächelt dieser und schenkt dem naseweisen Schneewittchen ein paar Zehnerl. Damit läuft das Märchenkind im Dreisprung davon. Hinüber zum Eisautomaten.

Dann ist der kühle Friede der herrlichen Altbauwohnung des Allmächtigen um den Träumer. Der alte Mann ist kein bißchen fromm, aber ganz schön gläubig. Doch er glaubt nicht nur, daß fünf Pfund Fleisch eine gute Suppe geben, wie die Leute so witzeln. Selbst der Herr Stadtpfarrer, der zu seinem grauen, etwas bockigen Pfarrei-Schaf manchmal sagt: »Nun, Sie kommen ja überhaupt nicht mehr in meine Firma«, weiß, daß der Getadelte gläubig ist. Tatsächlich hat er nämlich einen abgrundtiefen Respekt vor jemandem, der einen Kirschbaum machen kann, oder ein Gewitter, oder das linke Hinterbein einer Biene. Von all dem anderen, von der Milchstraße bis zum Krebserreger gar nicht zu reden.

Der stille Nachmittagsgast im Gotteshaus steht jetzt vor dem schwer versilberten Jesuskind, das sich am Pflegevater Joseph festhält, der eine goldene Pelerine trägt, die einem Zimmermann natürlich gar nicht zusteht. Und er denkt, warum man eigentlich so wenig weiß von diesem heiligen Knaben und was er in seiner Lausbubenzeit und in seiner Jugend getan hat. Hat er vielleicht einen Hund gehabt als Freund? Oder einen Spezl, mit dem er zusammen auf die Ölbäume kletterte und Oliven stibitzte? Vielleicht aber hat er am Ende gleich gar gezeichnet und gemalt. Mein Gott. Was würde da wohl heute ein echter Jesus wert sein? Dann entdeckt der Beschauer daneben die hohe Frau Maria mit dem barocken Nackedei. Als Kleinstkind und nachher dessen bitteres Ende am Querbalken. Da sagt der Mann zu sich selber halblaut: »Ach wie schnell ist der Mensch doch kein Kind nicht mehr und muß leiden.« Er weiß schon selber, daß dies eine doppelte Verneinung ist, aber er sagt sich, als so alter Mensch, wie ich einer bin, braucht man nicht mehr schriftdeutsch zu denken, oder? Überall sieht er nur Leid abgebildet und nachgeformt, in Stein gehauen oder in Holz geschnitzt. Und Schmerz und Schuftigkeit der Menschen. Hier der Heiland mit dem Stacheldrahtstreifen um den Kopf, den er für seine Ebenbilder hingehalten hat. Und dort der grinsende Sensenmann, diesmal mit einer Schere, wie er einem unschuldigen Kind bereits den Lebensfaden abschneidet. Und weiter vorn die unheimliche Mumie in dem Glassarg. Das ist ja zum Frieren. Und dennoch riecht es hier so versöhnend nach den Gebetsworten »Der du bist im Himmel«.

Und die Nase des alten Mannes hat gar keine Angst. So wie sie es damals im Krieg jedesmal bekam, wenn es nach angezogenen Knien, nach Herzschüssen und nach dem Sanktnimmerleinstag roch. Was dem sanften Sinnierer gerade einfällt, wie er das Bildnis eines römischen Soldaten gewahrt. »Ach ja, Werden und Vergehen halt«, murmelt er, als er die dunkelschwere Türe wieder hinter sich zuzieht. Und er beschließt, dem kleinen Mädchen nochmals ein Fünfzigpfennigstück zum Verschlecken zu schenken.

Aber das ist längst nicht mehr da. Ein altes Blumenweiberl lehnt jetzt an den Felsen. Das sagt ohne jede Überzeugung: »Astern, Reseden, Chrysanthemen.« Da kauft sich der alte Mann eine Chrysantheme und steckt sie ins Knopfloch. Das wirkt vielleicht ein bißchen lächerlich für so einen betagten Hirschen. Aber weil es doch ein Septemberstern ist und die Blume des friedlichen Abschieds. Drum kann er sie gerade noch tragen.

Am Bach entlang

Dort wo der Stadtbach aus dem Häusermeer herauskommt, streiten die Möwen um ihn. »Mei ghert a.« »Naa, mei, mei, mei.« Dann stoßen sie von oben auf ihn herab und hacken daran herum wie an einem riesigen grünen Wurm. Der Bach scheint das zu spüren, denn er windet sich ein wenig. Weiter vorne schwimmen Enten auf dem Wasser und schnattern sehr. »Die A-anten, die A-anten, das war'n die Musik-anten. Fidirallalla«, sang einst der Karl Valentin in der Vogelhochzeit. Zwei alte Tritschler schauen zu, und der eine sagt: »Siegst, de mit de weißn Ringerl um an Hois, des san d'Manderl.« Und der andere erwidert erinnerungsbitter: »Aha, do wern s' nacha mit da Leine oghängt, wann s' mit da Oidn ausgenga.« Aber dann muß er lachen, wie er den ruppigen Spitz sieht, der vom Ufer aus mit feuchten Lefzen den ambulanten Braten anbellt. »Do bleibt da da Schnobi aba sauba«, meckert der Alte und wischt sich in Gedanken selber den Mund ab. Doch der Spitz schaut den Mann verächtlich an, als wollte er sagen: »Dir scho aa.«
Vor der kleinen Brücke ist ein winziges Gefälle eingebaut. Und das schaut aus, als müßte sich das Wasser bücken, damit es unter dem Steg durchkommt. Ein Schuhkremschachterl kommt geschwommen, ein braunes. Jetzt schwimmt es in einem kleinen Strudel, taucht wieder auf und hüpft hurtig von Welle zu Welle. Freilich, es ist ja auch ein Frosch darauf. Auf der Brücke steht ein junges Pärchen, und er sagt: »Ins Wasser muß man hineinspukken, das bringt Geld.« Dann spucken sie beide. Aber aus dem kleinen Mäusemund der jungen Braut kommt halt gar nichts heraus. Da wird es freilich lange dauern, bis das Birkenschlafzimmer abgezahlt ist. Gleich nachher beugt sich ein blasser Mann mit rotem Bart über das Geländer. Er liest einen langen rosaroten Brief. Zweimal. Dann wird er selber rosarot. Und sagt halblaut: »Von wegen.« Und zerreißt den Brief. Vierundvierzig Mal. Die Schnitzel streut er langsam in das Wasser. Blitzschnell kommt ein dum-

mes Fischlein geschwommen und schnappt nach dem seltsamen Köder. Und beinahe wäre es auch noch am Haken von einem scharfen »ß« hängen geblieben.

Wo der Bach ein kleines Knie macht, hat er schon ein zartes Eiskrüstlein angesetzt. Kokett, wie wenn ein keusches Spitzenhöschen unter dem Rock herausschauen würde. Dann macht er eine ganze Anzahl Bogen und Krümmungen und wird kurvig wie ein berühmter Filmstar. Bis er durch die große Wiese fließt. Da geht er dann ganz leise. Er hat die Schuhe ausgezogen. Aber schließlich muß er durch ein kleines Wehr. Ein eiserner Gitterrechen strähnt die Wellen. Der Matrosenbub, der mit seiner Mutter spazieren geht, sagt altklug: »Gell, Mami, da wird das Wasser gekämmt.« Dann schauen die zwei lange auf das blaßgrüne Fließband, das alle Gedanken mitfortnimmt. Und kriegen Schlaf, soviel Schlaf. Der Bub kann gerade noch denken: »Himmimama, soviel Wasser. Das tät' ja mindestens tausend Jahre langen zum Halswaschen. Brr.« Und auch die Mutter sinniert. Es fällt ihr ein Liedlein ein, das ihr einst die Oma oft vorsang: »Am Bache, der so rauschend floß, saß ein Mägdelein so reizend und so schön. Sie band Kränzelein und warf sie in die wogenden Wellen. Sie band Kränzelein ...« Weiter weiß es die Mama leider nimmer. Am Ufer hat ein Sonntagsmaler seine klapprige Staffelei aufgebaut und bemüht sich, den kleinen Mississippi auf seinem Papier festzuhalten. Aber es wird nichts Rechtes daraus. Der Bach ist einfach zu schnell. Er läuft ihm immer wieder unter dem Pinsel weg. Ein Eichkatzl kommt auch und schaut zu. Das hat schon einen ganz schönen Winterspeck angesetzt. Mindestens vierzehn Gramm.

Der grüne Bach aber beginnt nun mit einemmal zu murmeln. »Sie, bittschön, wo geht's denn da zur Donau?« fragt er den einsamen Spaziergänger. Doch der kann ihm keine Antwort geben. Wer versteht denn auch schon einen Bach. Mit Ausnahme vom Johann Sebastian. Vielleicht. Ach, da schwimmt ja auch das Schuhkremschachterl wieder. Glückliche Reise. Vom Bach in den Fluß. Dann in den Strom. Und schließlich hinab in das

Schwarze Meer. Aber was tut denn ein braunes Schuhkremschachterl im Schwarzen Meer? Niemand weiß das so genau. No ja, vielleicht kann sich der Neptun damit seine Sonntagsschuhe putzen. Wenn er einmal auf Landurlaub geht.

Auf der Liegewiese

Eingebettet in den sanften Dschungel der Isarwildnis oder in die grünen Lungen unserer Stadt, den Englischen Garten und die anderen Anlagen, befinden sich ein paar ganz besondere Oasen. Die städtischen Liegewiesen, von Spaßvögeln auch Kalbfleisch-Anger oder Jungfern-Bleichen genannt. Weil nämlich viele blasse Schönheiten hier ihren ersten Sonnenbrand beziehen. Auch zahlreiche Bürozähne, gutriechende Friseurmädchen und vornehm gestreifte Kindernursen aus den nahen Herrschaftsvierteln bevölkern die grüne, kurzgeschorene Faulenzer-Pampa. Die meisten haben die Blusen geöffnet und lassen die Sonne hineinspazieren. Aber sonst niemand. Vor allem nicht die Blicke des blinzelnden alten Rentners, der so tut, als würde er mit der Spitze seines Spazierstocks Papier sammeln. Dabei sammelt er etwas, was er längst nicht mehr verkraften kann. Manche der Nachmittags-Circen liegen aber auch seltsamerweise mit hochgeschlossenen Rollkragen-Pullis und schmoren im eigenen Saft. Und einige haben sich einen Liegestuhl geschnappt und versuchen, sich einen sanften Bronzebrand zu ergattern, den sie dann abends auf dem Boulevard als Riccione-Bräune lächelnd zur Debatte stellen.
Unter einer alten Buche spielen vier alte Schafsköpfe Schafkopf. Sie machen ein Geschrei wie die Großen Vier, als ginge es auch bei ihnen um Sprengköpfe. Dabei geht es doch nur um armselige Pfennige. Um Opferstock-Dollars. Der älteste der Spieler hat gerade ein Solo gewonnen und somit Kupfer genug für eine mittlere Grünspan-Vergiftung. Sein Gewinn veranlaßt ihn, aus dem Boxcalf-Hals ein völlig unpassendes Triumphlied auszustoßen: »In Hallstadt, in Hallstadt, da fand einst ein Ball statt.«
Bei den verblühten Fliederbüschen hockt ein Mann auf einem Patentsessel. Breitbeinig und mit bleichem, nacktem Oberkörper. Sein Bauch erinnert verblüffend an den Erdalfrosch, und er ist auch von der Sonne genau so rot. Lange starrt dieser Mann auf seinen Nabel, als wäre ein zehnkarätiger Brillant darin. Und auf

einmal wetzt ein richtiger Feldhase über die kleine Pampa. Und Urinstinkte werden wach. Mädchen, gewesene Jungfräulein, bürgerliche Herren und kreischende Frauen springen auf. Coca-Cola-Flaschen, Schuhe und Verwünschungen werden dem armen Meister Lampe nachgeschleudert. Auch der Rotfrosch springt auf und wirft seinen Patentstuhl hinter dem verspäteten Osterhäschen her. Obwohl er sicherlich gar kein Hasenfleisch mag. Doch der langohrige Partisane schlägt ein paar Haken, und dann sieht man nur noch sein weißes Schlußlicht wie eine Einladung auf Kirchweih durch die Büsche leuchten.

Hinter dem Maulwurfshügel gräbt indes ein Hund unter den anfeuernden Rufen seines kichernden Herrn »Such's Mausi« ein tiefes Loch. Bald ist nur mehr sein kleiner wedelnder Stutzel sichtbar. Ein zufriedener Pensionist, der auf einem Baumstumpf kauert, hat Schuhe und Strümpfe ausgezogen und rollt seine Zehen im lauen Nachmittagslüftchen. Dann holt er seine große Eisenbahneruhr aus der Westentasche, öffnet sie hinten und repariert das Werk. Und zwar mit einem Zahnstocher und einem Grashalm. Obwohl diese Uhr ruhig einmal unter die Straßenbahn kommen dürfte, wird sie nach dieser Behandlung um einige Monate nachgehen.

Vierzehnmal hat der blinzelnde Hüne, der ein zufriedenes Nachmittagsschläfchen machen will, die fünf Buben, die mit einem Plastikfußball spielen, schon ersucht, sie möchten sich endlich trollen. Aber die kommenden Vertragsspieler geben ihm keine Audienz. Da erwischt er ihren Ball und befördert ihn mit einem gewaltigen Spitz weit in die Umgebung. Geht da nicht der winzigste von den fünf Knirpsen zu dem hingestreckten Bullen, stemmt die Arme in die Seite und sagt im gelassenen Texaston: »Den Boi mogst fei wieda hoin.« Worauf der Goliath dem Knirps eine schmiert. Doch dieser ergreift nicht etwa die Flucht, sondern fordert mit langsam anschwellender Backe energisch: »Hau nomoi her.« Der Riese tut's. Da sagt der Zwerg neuerdings: »Wennsd da traust, haust noamoi her.« Der Große lacht und schenkt ihm eine dritte ein. »So«, sagt darauf der Gnom, »jetzt host dreimoi herghaut.« Und dann geht er vollkommen gelassen und mit einseitigem Kopf und holt sich den Ball selber.

Unter dem Goldregenstrauch aber wirbt ein wirrhaariger Muselmann um eine mandeläugige orientalische Schönheit. Und er wirbt mit allen Mitteln um die Gunst der Auserwählten. Er ist eigentlich kein Muselmann, sondern eher ein Schmuselmann. Doch erst als sich die Dunkelheit niedersenkt, folgt sie ihm widerstrebend bis willig auf einen Seitenpfad. Wie sollte sie auch wissen, daß es in der zwölften Sure des Korans heißt: »Du sollst nicht willens sein, eine Pforte zu überschreiten, hinter der die Finsternis dich umgibt.«

Ruhiges Platzerl

So wie der gehetzte Ausflügler heute oft ergebnislos nach einem freien Platzerl im Grünen fahndet, so sucht auch der Großstadtwanderer häufig vergeblich nach einem stillen Fleckerl in seiner Zementlandschaft. Denn auf einer versteckten Bank im Park sitzt ganz bestimmt ein junger hoffnungsvoller Mann mit einem Transistorgerät und heißgespieltem Kurzwellenteil. Droben, hinter Thalkirchen, wo verschwiegene Wegerl durch den Isardschungel führen, pfeifen ihm heute die Golfbälle um die enttäuschten Schlappohren. Und auf jenen einsamen Pfaden beim Flaucher wird er von heulenden Mopeds gejagt. Nur eine einzige Oase der Beschaulichkeit wurde vorläufig noch nicht vom General Unruh eingenommen: der verwilderte alte Friedhof nämlich, in dem alle Wege enden und der hinter seinen roten Festungsmauern verschlafen vor sich hindöst. Dorthin flüchtet der Asphaltnomade an manchen Tagen, wenn das Pflaster unter der Bestrahlung des übereifrigen Planeten heiß wird wie eine frisch gebackene Pizza. Und die Luft in der Stadt flimmert wie ein uralter Stummfilm. Auf dieser Insel des Friedens hat man das schöne, tröstende Gefühl, im Notfall auch gleich aufgeräumt zu sein.
Da kommen mit grünem Gießkandl und kleinem eisernen Rechen die freudlosen Witwen und kratzen ein bißchen wie versprengte Hühner auf den schwarzen Hügeln herum. Und manche streicheln auch mit müden Fingern das Fleckchen Erde, das vielleicht schon bald ihr letztes dunkles Kanapee sein wird. Auch kleine scheue Gespräche führen sie wohl mit ihrem Seligen, der schon lange in der Rückenlage liegt. Vielleicht erzählen sie ihm den kleinen Tratsch vom Hinterhaus oder die verzagte Litanei von dem Leben einer Alleingebliebenen. Gern benützen auch die Hausfrauen die Abschneider durch den alten Gottesacker. Mit wiegendem Gang kommen sie vom Viktualienmarkt oder von der Großmarkthalle, bleiben stehen, seufzen ein bißchen und schaukeln dann wieder weiter. Manchmal hängt eine auch das Netz

mit den buschigen Porree-Schwanzln gleich gar an die gußeisernen Zehen eines hingestreckten Feldherrn, der in voller Lebensgröße auf niedrigem Sockel schläft und über den berühmten Ausspruch sinniert: »Sic transit gloria ...« Auf wuchtigem Marmor steht da auch eingemeißelt, was er alles eroberte. Das tat er jedoch nur für sein Vaterland. Denn für ihn selber blieben, hochgerechnet, bloß drei Kubikmeter übrig.

Hinten in der Ecke, in der die Fürsten und die Wissenschaftler, die großen Brauereibesitzer und die Patrizier die Kartoffeln in stiller Demut von unten betrachten, ist es am allerruhigsten. Dort sitzen auf warmen Carrarasteinen, die von manchen Ruhestätten übrigbleiben, junge Mütter und wiegen ihre weißen und rosa Bündel mit leisem Singsang im Schatten der Erlen und Linden. Etwas abseits davon steht der Engel mit den grünen Augen, ein großer bronzener Schutzengel mit schweren Flügeln, der die Hand ausgestreckt hat und in seinen klammen Fingern noch das abgerissene Ärmchen eines Kindes hält. Sein Schützling wurde ihm von einem Bombentreffer weggerissen, und jetzt schaut er mit grünspantraurigen Augen ratlos vor sich hin und traut sich wahrscheinlich nicht mehr heim, weil er so schlecht aufgepaßt hat.

Ein riesiger Basaltblock liegt auf dem Grab eines sagenhaft reichen Fabrikanten. Und der Besucher muß sinnieren. Er denkt, daß die Angehörigen des Gestorbenen vielleicht in ihren letzten Grußworten sagten: »Möge ihm die Erde leicht werden.« Und dann wälzten sie den halben Wendelstein über seine stumm gewordene Brust. Wird sich da der Schlummernde am Tage der Auferstehung nicht etwas schwer tun, wenn er sich aus seinem steinernen Tresor wieder erheben soll?

Zwei alte Penner nehmen nun Platz auf einer kühlen Grabeinfassung und machen Brotzeit. Es sind zwei Tippelbrüder, wie sie der Högfeld so schön malte. Zuerst zieht der eine sein schartiges Taschenmesser an einem grauen Sandsteinsockel ab. Aber es schneidet noch immer nicht recht, so daß er sich für den weit stärkeren Granit entschließt. Dann schneiden die beiden einen linoleumfarbigen Preßsack und ein Brot, das vor lauter Altsein knarzt, in Streifen. Nach dem Essen holt der Ältere eine winzige Mundharmonika aus dem Sack. Und spielt leise. Der andere singt dazu mit kindischer Kopfstimme: »A bissal lebn, a bissal schterbn. A bissal gebn, a weng verderbn.«

Napoli am Neptunbrunnen

So ungefähr über den Daumen gepeilt mögen es wohl an die zweitausendeinhundertvierunddreißig Wirtschaftswunderlakaien, Pflasterpfleger, Zementmixer und Halbkreis-Ingenieure, wie die Straßenkehrer wegen ihrer Besenbewegung auch genannt werden, sein. Jene Konjunktur-Helfer nämlich, die man im Amtsdeutsch auch Gastarbeiter nennt und die sich an schönen Sonntagen und nach Feierabend um den Neptunbrunnen im Alten Botanischen Garten regelmäßig ein Stelldichein geben. Die meisten von ihnen sind wie treuherzige Kinder. Sie drehen verlegen ihre Akkordarbeiterdaumen, zeigen sich gegenseitig die verwackelten Gruppenaufnahmen der Familien und hocken zufrieden auf den fünf Dutzend gestanzten Stühlen, welche die Stadt München in einer Anwandlung von rückwärtiger Entwicklungshilfe kostenlos dort hinstellte.

Viele sitzen allerdings auch auf dem Rand des schönen Brunnens, der sie irgendwie anzuheimeln scheint. Weil doch der steinerne Neptun in der Mitte des Bassins eine riesige Fischgabel über der Schulter trägt und also eigentlich einer der Ihren ist. Freilich werfen sie deshalb nicht gleich Münzen in diese »Fontana di Treffi«. Dazu müssen sie sich das Kleingeld wohl viel zu hart verdienen. Aber dafür schmeißen immer wieder einige besonders gemütvolle Exilrömer gerne leere Colaflaschen, Spreizfußeinlagen, Lohnstreifen und Kippen, Kippen, Kippen in die wehrlosen Fluten. Einige hängen wohl auch ihre unteren Flossen in den kühlen Zwerg-See, der dadurch nicht gerade klarer wird.

Den Spaziergänger erinnert das ganze Stilleben immer wieder ein bißchen an jene anderen Zugvögel, die sich auf den einstigen Stachus-Kastanien versammelten, um dort ihre Reisepläne nach dem Süden zu beschwatzen. Und die aber deshalb ziemlich gefürchtet waren, weil sie ihren zwitschernden Disput meistens von den Zweigen und Leitungsdrähten herab mit willkürlichen Scharfschüssen auf die flüchtenden Passanten würzten. Nun, diese Nummer versuchen leider auch ein paar hinterhältige Azzurris immer wieder. Doch natürlich nicht von den Ästen herunter. Nein, hinter Rosen, Tulpen und Narzissen. Und das nicht nur am Montagmorgen. Dafür zeigen ein paar heimwehsüchtige Neapolitaner auch wieder eine versöhnliche Schau. Indem sie, Männerbrust an Männerbrust, einen sanften Wiegentango aufs Kiesparkett legen. Sie tanzen zu der schmeichelnden Melodie des nahen Parkcafés ohne Eintritt und Verzehr auf den schmalen Wegen.

Auf den grünen Bänken unter den schattigen Büschen treffen sich schon am frühen Nachmittag die schnellen Bräute mit den heißblütigen Casanovas. Diese haben meist einen kleinen Tenor in der Schachtel dabei, den sie so lange strapazieren, bis die Batterie völlig erschöpft ist. Sie selbst sind das fast immer erst gegen Mitternacht. Und es ist ein großes Geriß um diese Papagalli. Wobei manche Bewerberin, die so die Reise nach Rimini spart, oft auch nur einen Papa erwischt. Auf den zu Hause sieben Bambini und eine strammgenudelte Pasta-Mama warten. »Max nix, max nix.«

Brunnengeplätscher

Dem ehrwürdigen Sandstein-Heiligen, der den alten Brunnen mit dem kleinen Leitungswasser-Pazifik bewacht, haben ein paar Lausbuben zwei dicke rote Doppelkirschen über die Ohren gehängt. Aber trotz dieses Frevels lächelt er milde auf sein Volk hernieder. Er war ja selber einmal jung. Und außerdem haben die Stare aus der nahen Anlage bereits beschlossen, ihm die saftigen Ohrklips wieder wegzupicken. Sie wollen nur noch warten bis zur blauen Stunde, wo alles ein bißchen schläfrig wird. Sogar der harte Schutzpatron selber auch.

Schon um neun Uhr früh sind die Bänke und Stufen rund um das städtische Plätscherwerk so gut besetzt wie die hinteren Reihen eines Theaters. Als hätte jemand »Abonnement grün« aufgerufen. Seufzende Hausfrauen kommen vom Einkaufen und stellen ihre dicken Taschen ein bißchen vor sich aufs aufgewärmte Pflaster, um schnell noch ein Auge voll Sonne mit in ihre Wohnküchen zu nehmen. Rentner mit Rucksäcken, die sie aus rätselhaften Gründen »für alle Fälle« dabei haben, trippeln langsam daher. Kindermädchen schieben hochnäsige Ehestandslimousinen zum Brunnen. Ein paar Handwerker, das Papier mit dem Aufschnitt auf den Knien und das grüne Flascherl mit dem sanften Feuerwasser der Schloßbrauerei daneben, ruhen sich aus, und ein uralter Oberst, der mit der Spitze seines Spazierstockes noch einmal den Angriffskeil der Russen bei Tannenberg in den geduldigen Kies kritzelt, wird mit gütigem Lächeln begrüßt.

Mittags sind dann Parkett und Sperrsitz völlig ausverkauft. Ein Hund kommt dahergelaufen, dem die Zunge heraushängt wie einem alten Bergstiefel, und er schlappert das herrliche Naß. Alles schaut ihm blinzelnd zu, doch ein alter Witzbold kichert: »Der Dackel liest wohl kein deutsches Liederbuch, da heißt's doch ganz anders, nämlich: ›Jetz gang i ans Brünnele, trink aber net.‹«

Die zwei Friseusen, die auf der untersten Stufe sitzen, haben ihre engen Röcke etwas gerafft, so daß ein genauer Beobachter direkt sehen kann, daß die linke Schönheit statt des Knopfes an ihrem Straps aushilfsweise ein Fünferl eingeklemmt hat, damit der Strumpf festhält. Der alte Hagestolz, der vorüberstelzt, schüttelt lange den Kopf und murmelt: »Höher geht's nimmer.« Man weiß aber nicht recht, hat er nun die Unmoral gemeint oder die Röcke.

Langsam humpelt ein Mädchen mit einem Gipsbein daher und füllt die letzte Lücke auf der langen Sitzbank aus, weil alle etwas nachrücken. Aber was steht da doch alles auf der weißen Hülse mit verblaßtem Lippenstift und Tintenkuli geschrieben: »Manche lernt's nie«, kann man entziffern. Und »Hinfallen ist keine Sünde, aber liegen bleiben«. Unterschrift »Heinz«, »Otto«, und »Joschi«.

Drüben auf dem Stein an der Hecke ist einer eingeschlafen. Doch jedesmal, wenn sein Kopf nur mehr drei Millimeter weit von dem niederen Eisengitter entfernt ist, reißt er ihn wieder hoch. Der muß direkt einen Präzisions-Schutzengel dabei haben. Auf dem Becken sitzen zwei Möbeltransporteure und machen Brotzeit. Ein langes blasses Rautendelein, das vorher zwei grüne Abmagerungspillen inhaliert hat, schluckt bei jedem Bissen mit, so daß ihr zarter Adamsapfel in dem dünnen Hals gar nicht mehr zur Ruhe kommt.

Ganz am äußersten Rand der kleinen grünen Insel aber sitzt der Knabe an der Quelle. Er hat die Braut des Jahres im Arm, und die zwei sehen sich an wie Jorinde und Joringel. Und sie flüstern sich zärtliche Dinge in die minderjährigen Ohren. Ein Mensch mit Phantasie könnte meinen, daß sie jetzt zu ihm sagt: »Meine Liebe zu dir ist so zart, daß sie auf Strümpfen geht.« Und daß der entwicklungsfähige Casanova darauf erwidert: »Ich habe dich ganz fest in mein Herz eingeschlossen. Und den Schlüssel verschluckt.«

Auf dem Monte Misere

Manche von den jungen Bergvagabunden wissen es oft gar nicht mehr. Daß beispielsweise der Gipfel der Bierseligkeit, der Nockherberg, gar nichts anderes ist als das ehemalige rechte Isarufer. Daß der kleine Buckel im Maßkrugparadies des Augustinerkellers einst der Münchner Hinrichtungsplatz war. Oder daß der Monopteros-Hügel im Englischen Garten keineswegs eine natürliche Bodenerhebung darstellt, sondern daß er lediglich aus dem Aushub des künstlichen Kleinhesseloher Sees entstand. Und daß sie selbst bei der Erklimmung des »Monte Misere«, wie der grüne Hügel in Schwabings Norden von den Alten noch manchmal genannt wird, mitnichten über Granit, Nagelfluh oder anderen Fels wandern. Sondern über die zerborstenen Einfamilienhäuser, die zertrümmerten Mietskasernen und die zermahlenen Schlafzimmer ihrer Eltern und Ahndl steigen. Der Schwabinger Schuttberg, der heute längst als Ausflugsort und Verdauungshimalaja beliebt ist, ist genaugenommen nur ein riesiger Haufen Unglück, von hunderttausend Lastwagenfuhren aufgeschüttet. Doch wie halt über jede Sache Gras wächst, so deckt der grüne Rasen auch längst schon wieder den totalen Konkurs von Deutschlands größter Schwindelfirma zu. Ahorn- und Birkenbäumchen wachsen aus den zerfransten Wohnzimmer-Büfetts und Küchenkästen hervor. Bald haben ihre Stämmchen wieder Furnierdicke erreicht, und »neues Sperrholz wächst aus den Ruinen«.
Wie auf einer Kinderzeichnung oder auf der Leinwand eines Sonntagsmalers, so heben sich die verschwommenen Seilschaften der behaglich kletternden Familien vom blauen Föhnhimmel ab. Die ganz gescheiten Abc-Schützen, die meistens voran marschieren, haben es längst genau errechnet, daß der Schuttberg viertausendzweihundertneunundneunzig Schritte hoch ist. Obwohl sie doch in der Schule erst bei der Zahl acht angekommen sind. Liebespärchen spazieren manchmal mit suchenden Blicken gipfelaufwärts. Doch fahnden sie am grünen Wegrain natürlich nicht

nach Almenrausch und Edelweiß, sondern höchstens nach einem vierblättrigen Kleeblatt. Um es nachher in einem Buch zu pressen und zu vergessen. Und die fleißig mitwedelnden Dackel und Wadlbeißer legen schnüffelnd ihren Leistungsschein für verhinderte Lawinenhunde ab.
In harmlosen Spitaler-Serpentinen geht es bergauf, und der Wandersmann kann einen zufriedenen Blick auf die gebückten Männer in der Gärtnerei da drunten tun. Wie die sich immer von Zeit zu Zeit aufrichten und geradebiegen. Wohl damit sie abends in ihre hölzernen Traumkoffer passen. Manchmal hört man direkt ihre Wirbelsäule knarzen. Auch auf dem Tennisplatz neben dem großen Krankenhaus gibt es eine kleine Wegzehrung für die Augen. Mädchen mit Beinen so lang wie die Reise nach Tilsit flitzen hinter der haarigen Gummikugel her. Und zwei alte Eheleute schutzen sich gegenseitig erbittert den weißen Kartoffelknödel zu, als wollten sie zueinander sagen: »Do, friß'n doch du!« Rechts vom Oberwiesenfeld riecht es ein bißerl nach Koppelschlössern und Gewehrläufen. Und manchmal marschiert auch eine Abteilung uniformierter Bürger am Horizont auf. Die Soldaten machen den Mund ganz regelmäßig auf und zu. Aber kein Ton ist zu hören. Vielleicht üben sie gerade das Lied vom stummen Fisch. Aha, und da sind sie ja auch alle. Die Zeigefinger der Gottesfurcht. Der schlanke Turm des Alten Peter, die gemütlichen Maßkrugsäulen der Frauenkirche und die zwei spitzen Wolkenkitzler von St. Ludwig. Und im Hintergrund steht das nadeldünne Olympia-Mahnmal wie ein gigantischer Blitzableiter, der sich anschickt, das Unwetter der drohenden finanziellen Katastrophe abzuleiten.
Dann schwebt gleich gar ein Segelflugzeug über die Kuppe. Lautlos und lauernd wie der sagenhafte Vogel Roch. Dem Kinde, das staunend aus der ehelichen Kommune-Kutsche in den Himmel schaut, singt die junge Mutter dazu ganz leise vor: »Der Geier kreist über die Berge, die Möwe zieht stolz einher.« Der Kurzhaar-Bastard »Fünferl« aber bellt furchtlos und aus sicherer Entfernung den seltsamen Geisteradler an und läßt sich nur ganz

schwer davon abhalten, nicht wenigstens den Schatten, den der Flieger auf das Bergwieserl wirft, heftig in die Tragflächen zu beißen.

Ein leiser tätschelnder Wind weht um das schlichte Kreuz herum, streichelt beruhigend über ein paar zufriedene Glatzköpfe, tändelt ein bißchen mit dem Rocksaum der Mädchen, bis er merkt, daß es bei dieser Kürze nichts mehr zu heben gibt, und treibt dann ein silbernes Kaaspapierl vor sich her. Doch dann riecht es ihm wohl zu schlecht, und er läßt es wieder liegen.

Weit hinten im Süden aber grüßen im matten Graublau die großen, gewaltigen Brüder des Mini-Matterhorns herüber. So als wollte der liebe Gott den schweigsamen Betrachtern in stummer Mahnung zu verstehen geben: »Schauts as euch nur genau an, das Karwendelmassiv und die Zugspitze. So macht man nämlich richtige Berge. Und nicht mit Bomben und Granaten.«

Trauriger Samstag

Draußen vor dem Zementdschungel der Stadt stehen die vierzehnstöckigen Wohnmaschinen wie nachgemachte Dolomiten. Nur, daß diese Zinnen viel schäbiger, hohler und vergänglicher sind als ihre gewachsenen Verwandten. Im Appartement 1043 in einem dieser Silos wohnt die Privatsekretärin Karin Stolzenfels von Montag bis Freitag. Samstag und Sonntag aber *lebt* sie auch noch drinnen. Denn das bereits etwas verblühte Mädchen Karin erträgt das Dasein gewissenhaft gegen einen recht beachtlichen Betrag fünf Tage in der Woche zwischen den vier Wänden eines nüchternen Vorzimmers. Worauf Karin dann den Lohn ihres Bienenfleißes auf 42 Quadratmetern Grundfläche am Wochenende genüßlich auskosten darf.

Und das sieht etwa so aus: Sorgfältig hat sie wieder einmal die Fingernägel gefeilt und auch die anderen zehn Brüder im Tiefparterre leuchtend rot bepinselt. Wie die Druckknöpfe eines Feuermelders. Dann werden die Brauen gezupft und zwei ebenso winzige wie beharrliche Mitesser an den bleichen Nüstern ausgedrückt. Das Badewasser ist schon eingelaufen, und Fräulein Stolzenfels steigt nicht ganz ohne eine kleine Wollust in die Schaumwolken, mit denen sie nachher ganz spielerisch ihre Anatomie hier etwas aufbessert und dort etwas verdeckt. Im guten alten Frotteemantel, in dessen Taschen sie noch einen Fingernagel voll Sand von San Remo aufspürt, sitzt sie schließlich auf der Couch, auf der sie manchmal viel lieber liegen würde, und kürzt zum drittenmal den Rock ihres geduldigen Tweed-Kostüms. Nachdem sie etwas später die Haare eingerollt hat, was ihr ein Aussehen verleiht, als wäre ihr braver Kopf mit Rindsrouladen garniert, holt sie die Zeitung und schlägt die Rubrik »Suche nach dem Glück« auf. Einhundertsechsundachtzig einsame Herzen zählt sie diesmal. Und nickt manchem vertrauten Text wie einem alten Bekannten zu. Einmal hat es die Karin natürlich auch schon selber probiert. Und sie stand dann mit einer Margerite im

Knopfloch bei der bekannten Uhr des Versatzes. Der bestellte Freizeitgestalter war auch tatsächlich da, aber ach, kein Sieger trat da auf sie zu. Sondern ein Kümmerling, der nach dem gemeinsamen Kaffeetrinken die Zehnerl für ihren Zwetschgendatschi aus allen drei Fächern seines Geldbeutels zusammensuchte. Mit einem säuerlichen Grapefruit-Lächeln gingen sie wieder auseinander. Und er schaute nicht einmal mehr um, als sie aus Verlegenheit auch noch in die falsche Trambahn einstieg.

Der kleine Seufzer der kleinen Karin deckte sich haargenau mit dem Quietschen des Schiebefensters, das sie jetzt öffnete, um ein bißchen auf die Autoschlange hinunterzublinzeln. Sicher wäre da in manchem Wagen bei einem passenden Herrn noch ein verwaister Vordersitz frei. Man müßte natürlich schon einen Galan erwischen, der sie nicht gleich bei Kilometer fünfundzwanzig bereits auf den Hintersitz bitten würde. Denn ein bis zwei Kinobesuche, einmal Abendessen und etwa vierzehn Tage Karenzzeit möchten da bei einer Chefsekretärin mit tadellosem Leumund und nur einem einzigen Aufenthalt in der Frauenklinik schon drin sein. »Mein Gott«, denkt sie bei diesen Überlegungen immer wieder, »das ganze Problem heißt doch eigentlich nur ›gewußt wo‹. Ach, ist es denn nicht immer nur das alte Lied von den zwei Königskindern, die nicht zusammenkommen können?«

Ob sie es wohl einmal mit dieser neuzeitlichen Computermaschine versuchen sollte? Die doch garantiert auf Anhieb den richtigen Partner errechnen kann, und dann braucht man nur noch die Pärchen zusammenlegen wie ein doppeltes Butterbrot. Fräulein Stolzenfels würde da unter Umständen sogar die untere Scheibe machen. Ach ja.

Und dann überkommt sie wie immer dieselbe Schwermut. Und als sie den Kopf wieder einzieht und das Fenster herabläßt, denkt sie, so ein Schiebefenster ist doch fast wie eine Guillotine. Sie trennt die Wirklichkeit brutal von allen Träumen. Und vielleicht war das gar nicht so schlimm, was mit der schönen Maria Stuart und der unglücklichen Marie Antoinette einst geschah. Warten muß man ja sowieso darauf.

Nun weiß die Karin, daß es längst Zeit ist für einen kräftigen Schluck Wermut. Und dann nimmt sie auch noch ein Auge voll Life aus zweiter Hand vom Kanal drei aus dem Glotzophon. Ganz mechanisch legt sie schließlich die nagelneue Spitzenkombination im sündigen Lila auf die Schlafcouch. Gleichzeitig aber auch das lange, warme Flanellnachthemd. Den Mitternachtstalar der Verzagten und Verschmähten. Auch ein bißchen Madame Rochas wird in den stillen Raum gesprüht. Das hatte doch der Richard so gerne, der vor Jahren fast zwei Wochen lang bei ihr einstand. Bis sie dann das Bild von seiner Frau in seinem Trambahnausweis entdeckte. Nun kommt leider samstags nicht einmal so ein Richard mehr, muß sie denken. Sondern nur noch die Resignation.

Mit einem Seufzerchen huscht die unentbehrliche Sekretärin Karin Stolzenfels nun unter die Steppdecke. Und sie nimmt den treuesten aller Wochenendtröster mit zu sich ins Bett. Den stummen, weißen Frieden aus dem Röhrchen. Zwei Schlaftabletten. Und im Hinüberwaten in das gute Dunkel denkt sie noch ganz verwischt und schwach: Der nächste Montag kommt bestimmt. Und Gott sei Dank.

Nun hängen sie wieder

Der riesige Lindenholz-Christus im Vorraum des Münchner Kunstbahnhofes breitet resigniert seine astfreien Arme aus, als wollte er sagen: »Herr, vergib ihnen, denn sie wußten nicht, was sie taten.« Nämlich die fünfhundert Gips-Konditoren, Bronze-Ingenieure und Pinselschwinger, die ihre Knetwaren und die viereckigen Ölkuchen wieder zur großen Debatte stellen.

Freilich könnte der simple Besucher sagen, er wüßte von der ganzen Malerei vielleicht nur, daß gelb und blau grün ergibt. Aber nachdem er drei Stunden durch diese »Ich weiß nicht, was soll es bedeuten«-Galerie gewandelt war, haben seine an sich recht strapazierfähigen Augen halt leider einen Wadlkrampf. Und vom Kopfschütteln ist ihm das Gewinde am Hals so locker geworden, daß er befürchten muß, seine Osram-Birne zu verlieren. Und er kann abschließend nur noch halbwegs zitieren: »O Maler, dein Bild — das unbekannte Wesen.«

Nun, in der Abteilung Rost, Rätsel und Patina fällt eine Komposition ganz besonders auf, die der Laie für ein Pferd halten möchte, das einen seiner Reiter abgeworfen hat. Und mit was? »Mit Recht«, würde der Betrachter sagen. Denn den gestürzten Buntmetall-Hunnen hätte wohl auch die pflastermüdeste Schnallendame abgeschüttelt. »Kleiner Meteor« heißt das Produkt nebenan, das wie eine Zangengeburt aus Lavateig anmutet. Der rätselhafte Batzen schaut auch fast ein bißchen aus wie ein ausgespuckter Pfriem vom Kriegsplaneten Mars. Während sich eine Bleistudie ohne Augen, ohne Ohren, ohne Nase und Lippen schlicht als »Kopf« bezeichnet. Vermutlich ist es ein Selbstbildnis seines unglücklichen Erschaffers. Und die »Liegende Kuh«, die anscheinend von einem überschweren Stier so entsetzlich niedergedrückt wurde, daß sie nur noch zum Kilopreis verkäuflich sein wird, ist das Eintrittsgeld leicht allein schon wert.

Bei den Malern darf man natürlich den Saal mit den Sau- und Innereien nicht übersehen. Hier hat auch ein Berliner Amateur-

Schlächter ein ungemein geschmackvolles Problem angeschnitten. Das heißt eigentlich aufgeschnitten. Denn vor der Silhouette des Petersdomes hängt direkt vom Himmel hernieder eine notgeschlachtete Römerin, der die ganzen Innereien über ihr Gesicht baumeln, wie anderen, glücklicheren Signorinas die Hutbänder. Angeblich ist dies das letzte Produkt des erst einunddreißigjährigen Zerfleischers. Der Betrachter vermutet, daß er den Rest seines Künstlerlebens wahrscheinlich auf der Couch eines Psychotherapeuten verbringen wird. Ferner wäre als recht appetitanregend auch noch ein »Schleuderbusen auf der Wanderschaft« zu empfehlen. Sowie eine »Weibliche Figur«, bei deren Anblick sicher auch der ausgehungertste Knastbruder die Hosenträger fester binden würde. Dagegen ist der Kolossal-Akt »Terpsichore« anzusehen wie der Sexualproviant für ein Atom-U-Boot, das vier Jahre unter Wasser bleiben will.
Es folgt die Nummer achthundertsechsundsechzig. Eine Arbeit von denkbar dunklem Sinn. Sie nennt sich einfach »Schichten«. Und der naive Beschauer meint, es sollte dann doch wenigstens »Nachtschichten« heißen. Ein anderer Pfiffikus hatte lediglich ein graues Stück Hinterhausverputz ausgestellt. Wohl eine Arbeit von Professor Mauerschwamm. Und der Monumental-Schinken »Klammer« zeigt einen Eisenbügel, der zwei Dinger zusammenhält. Die man für alles mögliche halten kann. Nur nicht für die Große Koalition. Was dem kritischen Besucher noch besonders auffällt, sind diesmal die Namen, welche die ratlosen Väter ihren Kindern der Muse gegeben haben. Denn sie heißen in überschäumender Phantasie: »Bild«, »Form«, »Guß«, »Nummer« oder auch noch einfacher »Ding«.
Nun, der Ausstellungsbummler muß trotzdem zugeben, daß ihm ein paar von den hängenden Leinwandparzellen in gewisser Hinsicht gut gefallen haben. So die »Frau mit roter Katze«. Diese hätte er gern einmal gestreichelt. Beide natürlich. Und ein herrliches Stilleben in dieser Ölfarbenwüste, auf dem unter einem blühenden Rosenstrauß eine große Weintraube liegt. Die ist so saftig und echt, daß sich der Ordnungsmann beim Vorübergehen jedes-

mal eine Perle abzupft. Da wird wohl der Teller bald leer sein. Lange steht der Gast zum Abschluß noch vor dem unheimlichsten Konterfei der ganzen vierzehn Säle namens »Luzifer«. Die Vision eines amerikanischen Malers. Sie ist tatsächlich böser als ein Bazillenkrieg. Und der Besucher tastet unwillkürlich nach seinem Rosenkranz. Den er aber leider wieder einmal vergessen hat.

Sonst aber kann er als Gesamtbilanz nach dem Besuch der Mammutschau im Münchner Talent-Mausoleum nur sagen: Das Beste daran sind immer noch die zwei Ausgangstüren.

Immer, wenn die Mauern fallen

Das alte graue Haus draußen in der Vorstadt hat wohl gemeint, es könnte ewig so stehen bleiben. Wie der Watzmann vielleicht oder die Zugspitze. Nur weil es den Bomben widerstanden hat. Von wegen.

Eines Tages nämlich kommen zwei Männer. Sie haben drei Drehbleistifte oben in ihren Sakkotaschen stecken und stellen einen Dreifuß auf mit einer Art gläsernem Maschinengewehr darauf. Dann nimmt der eine Mann eine rotweißgestrichene Stange, steckt sie in den Boden, und sein Kollege zielt lange danach mit der optischen Waffe. Etwas später kommt dann noch ein dritter Mann. Er hat einen runden, eingedrückten Hut auf dem Kopf und gleich vier Kugelschreiber in der Sakkotasche. Auch er schaut durch das drohende Rohr, sagt dann plötzlich laut und militärisch »guddd«, und damit ist das Todesurteil für das alte Haus gesprochen.

Bald beginnen seine Bewohner auszuziehen. Und obwohl sie die alte Zinsburg viele Jahrzehnte lang gewissenhaft vor Regen, Blitzstrahl und Gerichtsvollziehern geschützt hat und das geflickte Ziegeldach über sie ausbreitete wie eine Bruthenne ihre Flügel, sagt nicht ein einziger der Scheidenden »danke schön« dafür. Nein, der größenwahnsinnige Waschmaschinen-Vertreter vom ersten Stock schimpft das alte Haus sogar eine »oide Bruchbude«, als er geht. Er hat wohl völlig vergessen, daß er einmal sieben Monate lang die Miete schuldig war. Auch die Hausmeisterin bedankt sich in keiner Weise, obwohl es doch ohne Haus auch keine Meisterin gegeben hätte. Und nicht einmal dem Dachs-Bastard Zampano, der frech und ungeniert ein Abschiedsstenogramm an die Hausecke hinnässelt, schmeißt sie den langen Besen nach, was sie früher immer tat. Da kann es auch niemanden wundern, daß der gekränkte Wirsing-Silo jedesmal, wenn einer der undankbaren Mieter geht, mit der Eingangstür verächtlich knarzt: »Die Ratten verlassen das sinkende Schiff.«

Und dann naht der Tag, an dem der Bagger kommt. Mit gläsernen, wehrlosen Augen starrt ihm das Haus entgegen. Wie das Kaninchen die Schlange anbangt. Und der eiserne Nimmersatt macht auch gleich den ersten Probebiß. Das kleine Erkerchen mit dem verwaschenen unförmigen Sandstein-Heiligen schnappt er von der Fassade weg und spuckt es dann großkotzig auf den wartenden Lastwagen. Wie einen Zwetschgenkern. Dem Haus bricht jetzt der kalte Schweißmörtel aus. Als dann drei Mann ein dickes Drahtseil um das Obergeschoß winden und »fertig« melden, da zieht der langhalsige Scharfrichter die Schlinge zu. In dem Krachen, Poltern und Stürzen quillt überall roter Ziegelstaub aus den Trümmern hoch. Das Blut von geschlachteten Häusern. So aber, wie auch beim Menschen in der allerletzten Sekunde noch einmal blitzschnell der Film seines Lebens abrollt, so ist das auch, wenn die Mauern fallen, bei alten Häusern.
Verwegen wie der Gamsbart auf dem Hute eines Wildschützen schwankte vor vierundsiebzig Jahren bei der Hebefeier ein geschmückter Tannenbaum auf der hölzernen Dachhaube des Miethauses. Dreihundertachtundzwanzig Maß Freibier flossen damals. Aber auch ein paar Tränen. Weil die Mörtelrührer-Zenzi ihren geliebten Zementsack-Toni mit der Kellnerin Nina direkt im Hausgang erwischt hatte, als er dem strammen Biermöpserl gegen einen kleinen Vorschuß pfeilgrad die Ehe versprach. Zweiundsechzig Jungmieter hatten in dieser Zeit in den viereckigen Steinwaben den Leimfarben-Himmel der Schlafzimmer erblickt. Und achtundsiebzig Inwohner machten die Augen für immer zu. Der älteste von ihnen war der Säufer Ägid Faltenreich gewesen. Genau neunzig Jahre wurde er alt. Und seine größte Abschiedsfreude war es, daß er an einem Diesel-Kipper starb, der ihn rasch hinwegputzte von dieser Welt, und nicht an der Leber, was ihm das ganze Haus sehnlichst gewünscht hätte. Und die Frau Glaubauf bekam doch tatsächlich mit vierundfünfzig Jahren noch Drillinge. Und als Dreingabe auch noch Venenentzündung. Schade übrigens um das schöne Linoleum in ihrem Wohnungsgang, für das sie zwanzig Jahre Trittgarantie hatte. Und jetzt lag es mit vie-

len Knickbrüchen wie ein viel zu trockener Pfannenkuchen unter dem Schutt. Ihre Schwiegertochter hatte sich übrigens das Speisekammerl in einen Duschraum umbauen lassen und lief dann aus Angabe monatelang nur mehr im Bademantel herum. Ach ja, und nun waren sie plötzlich alle auseinandergegangen wie die gespreizten Finger einer Hand. Gern hätte übrigens das sterbende Haus seinem verhaßten Mieter, dem Büroboten Holzwadl, zum Abschied noch einen Türstock ins Kreuz geschleudert. Denn der war mindestens viermal im Monat bei der Hausverwaltung und beschwerte sich über die matte Treppenbeleuchtung, die tröpfelnden Brunnenhähne, die rostigen Balkongeländer oder den undichten Waschhauskessel. Und jetzt hatte er auch noch stumm und dumm zugeschaut, wie seine steinerne, mürbgewohnte Herbergsmutter in die Knie gebrochen war. Pfui Teufel.

Und genau dieser ekelhafte tückische Mieter Holzwadl war sich nachher ein paarmal über die feuchte Nase gefahren. Und hatte einen winzigen Ziegelbrocken seiner toten Vorstadt-Heimat heimlich in die Tasche gesteckt. Zur Erinnerung.

Die letzten Kellnerinnen

»Jetzt wird's boid so weit sei«, sagen die paar noch verbliebenen alten Münchner Großwirte. Und sie meinen damit, daß die letzten Kellnerinnen den Maßkrughenkel für immer auslassen werden. Denn Nachwuchs für diese Dreiquartel-Mutterschiffe gibt es schon längst keinen mehr. Und die paar Biermöpserl, die sich schließlich doch noch immer melden, haben bald genug von dem »Vorsicht Soß« und dem Wassergepritschl beim Ausspülen der Krüge. Auch schmeichelt es ihnen keineswegs, wenn nach dem Dienst der wartende Jungfreund in ihren toupierten Haaren schnuppert und dann auf Anhieb weiß, welches Tagesmenü es gegeben hat.

Deshalb sind, neben den Straßenbahnschienenritzenreinigungsdamen, den Dienstmännern mit den Messingschildern an den roten Mützen, den Nußweiberln und den weiß gewickelten Toilettenfrauen auch die braven Schaumwalküren nun mit dem Aussterben an der Reihe. Dabei ist die Münchner Kellnerin aus der Biergemütlichkeit doch genausowenig wegzudenken wie der Henkel vom Maßkrug. Und ein halbes Jahrtausend lang waren sie sogar oft auf den Bildern berühmter Meister zusammen mit Herzögen, Königen, frischen Jagersbuam und hochwürdigen Herren zu sehen.

Meistens hat die Kellnerin schon im zarten Alter von vierzehn Jahren und einem Nettogewicht von guten hundert Pfund als wackeres Wassermadl ihre Laufbahn begonnen. Eine Laufbahn, die sie dann in fünfzig Jahren etwa dreimal um die Erde führte, obwohl sie selber nur ganz selten, nämlich bei einem Volksfest oder als Aushilfe beim Leonhardiritt, über München hinauskam. Anfänglich war sie das »Annerl«. Später dann, wenn sie strammer und rescher wurde, hieß man sie schäkernd das »Annamirl«, und wenn ihr Haar dann weiß wurde wie der Schaum einer frisch eingeschenkten Maß, beförderten sie ihre Gäste feierlich zur »Anna«. Wobei freilich auch manche Kostgänger aus dem norddeutschen Flachland »Frau Gasthof«, »Werte Hebe« oder gleich gar nur »Hesieda« zur ihr sagten. Aber auf diesem Auge hörte dann die Anna immer sehr schlecht.

Eine richtige Münchner Kellnerin hat nicht nur weiche Stiefel, sondern fast immer auch ein solches Herz. Vielleicht bleibt sie deshalb auch vielfach ledig. Denn schon als blutjunge Handlangerin hat sie einen lieben Freund, der sie ein bißchen schüttelt. Und es fallen ihr dann meistens auch mühelos die paar Trinkgelder aus der traditionellen Geldtasche, die sowieso nur ganz leicht verschlossen ist. Später vertraut sie mit Gewißheit irgendeinem scheuen Studiosus, der halt gar so arm dran ist, daß sie sich das genossene Schweinsbratl einfach nicht zahlen lassen kann. Und so füttert dann eine Minna oder Thea gut und gern in ihrem Zubringerdasein drei bis vier Studenten bis zum Doktor durch, um dann schnell mitsamt den lauten Versprechungen eines späteren Lebensbundes vergessen zu werden.

Einen schwarzen Bischof aus Uganda hat die Anna wohl auch einmal bedienen dürfen und die Dingsda, die Filmschauspielerin Henny Porten, von der heute fast niemand mehr was weiß. Ferner kamen auch indische Damen mit schwarzen Konfettiplättchen auf der Stirne, vielleicht auch der Löwenmensch vom Oktoberfest, dessen Lieblingsspeise ausgerechnet Salzburger Nockerl waren, die ein echter Leu doch niemals fressen würde. Und in den braunen Jahren hätte sie einmal beinahe »ihm selber« servieren müssen. Aber ein blondgelockter Parteikellner nahm ihr die bestellte Limonade aus der Hand und gab ihr mit abgewandtem Blick im allerhöchsten Auftrag eine Mark Trinkgeld.

Im Alter ist dann für die Münchner Kellnerin fast immer irgendein Kusinchen oder Nichterl da, für welches die gute ehrliche Fischhaut ihren kleinen Geldregen sammelt und auf »d'Sparkaß« tut. Da bleiben so einem Brotzeitdampfer am Ende seiner Tage eben meistens nicht viel mehr als ein paar ausgelatschte Ringkämpferstiefel, zwei zerquälte Spreizfüße, eine Hand voll falscher Geldstücke und die Erinnerung, die jedoch genau so grau geworden ist wie sie selber.

Glück im Krug

Wieder einmal pilgert der Spaziergänger hinauf zum Nockherberg. Und wie er's erlernt von seinen Vätern, geht er natürlich zu Fuß, überquert den freundlich glucksenden Canale Grande, den Auer Mühlbach, und schnauft dann die sechsundsiebzig Staffeln hinauf, unter denen einst der »Kuckuck« hauste. Nämlich jener Unglücksvogel, der als Zeichen eines angreifenden Luftgeschwaders seinen tödlichen Lockruf durch das Radio erschallen ließ. Und der vom idiotensicheren Bunker des Herrn Gauleiters aus, der sein Rattenloch ausgerechnet in den Monte Salvatore gegraben hatte, betätigt wurde.

Oben bleibt der Spaziergänger ein bisserl stehen und blinzelt zurück auf seine sportliche Leistung und auf die alten, schiefen Vorstadtherbergen der Au. Dann geht er, mit nichts als einer glücklichen Vorfreude im Bauch, die letzten hundert Schritte auf die Pforte des geliebten Starkbier-Wigwams zu. Beim Steckerlfischbrater, zu dem ein Bierseliger gerade sagt: »Sie, von Eahna gibt's fei a Liad, kenna S' des net? ›Im Brater blühn wieda die Bäume‹ hoaßt's«, nimmt der Bergsteiger eine Nase voll würzigen Geruchs mit und kauft sich bei der alten Radifrau seine erste weiße Brotzeit-Kartoffel. Denn nach althergebrachtem Rat ist ein frisch geschnittener Rettich mit mindestens achtundzwanzig Blättern das einzige Buch, in dem man im Frühling lesen soll. Freilich, sündteuer sind sie ja schon noch, die zarten Rülps-Rüben. Aber die Verkäuferin meint, die Starfighter und die Schützenpanzerwagen sind noch viel teurer. Und nicht so gesund. Am Lattenbüfett gibt es dann noch ein warmes »Beamtenripperl«, wie der Leberkäs hierzulande auch heißt. Und als Vorspeise einen Bismarckhering. Wobei der Gast sinniert, ob es wohl später auch einmal »Strauß-Sprotten« geben wird.

Auf der Suche nach einem schönen Platzerl mit Rückendeckung begegnet er einem großen Ärgernis. Nämlich einer Ansichtskartenverkäuferin mit zahlreichen Porträts von Münchner Bierdimpfln. Die abgebildeten Seppln schauen natürlich wieder einmal alle aus wie der Übergang vom Neandertaler zum Schwachsinnigen oder wie jene erstaunt blickenden Robben, die man in der Beringsee mit schweren Knüppeln erschlägt. Dabei ist ein Bierdimpfl mindestens genauso friedlich wie diese harmlosen Pelzmantellieferanten. Weil nämlich die köstliche Suppe vom Faß bekanntlich wesentlich gemütlicher macht als das völlig harmlose LSD. Bei dem es höchstens zu einer anschließenden Hollywood-Hausschlachtung kommen kann.

Durch das hohe Fenster, an dem er Platz nimmt, kann der Besucher auch den Riesenmaßkrug bewundern, den kolossalen Säufer-Ballon, der an die hundert Meter über dem Münchner Bier-Himalaja schwebt. Und auf einem Bierfilzl rechnet er umständlich aus, daß ein Mensch, wenn er, ohne abzusetzen, so einen Mammuthumpen voll Bier austrinken müßte, dazu etwa achtunddreißig Jahre brauchen würde. Immer wieder tätschelt dazwischen der Durstige die kühle glatte Hüfte seiner alten Liebe, des hohlen Steines.

Und als er die erste Maß ausgeschleckt hat, kommt eine große selige Gelassenheit über ihn. Und er läßt sie im Geiste gemächlich aufmarschieren, »die ihn alle miteinander können«. Wenn sie wollen. Dann horcht er lange, schmunzelnd und manchmal auch kichernd wie ein alter Narr, der ein Aluminiumfuchzgerl in seiner Lodenjoppe gefunden hat, in das Gebrabbel, Geschwafel und Geschwätz rund um ihn hinein. Immer wieder muß er dabei feststellen, daß das Bier unmöglich dumm machen kann, denn einige von den Aussprüchen, die er da auffängt, könnten in ihrer Weisheit direkt vom Laotse sein. Der Mann neben ihm, zum Beispiel, der zuerst seinem Gegenüber saftig auf den Fuß getreten ist und ihn dann auch noch aus Versehen mit einer umgestoßenen frischen Maß einweicht wie ein Knödelbrot, sagt zu seiner Rechtfertigung nur: »Entschuldign S' schon, Herr Nachbar, zwegen meiner Ungeschicklichkeit. Wissn S', wo i bin, is nix. Und überoi ko i net sei.« Oder wie ein Spezl seinem Freund, der ihn dauernd quält, »geh, laß mi wieda raus«, den guten Rat gibt:

»Woaßt wos, bleib liaba glei im Häusl draußn, und komm nur zum Dringa rei.« Ferner die blonde Vorstadtschönheit, die ihren Kavalier ermahnt: »Sauf doch net wieda so vui, Michi. Nacha konnst wieda net geh auf'm Hoamweg, und i muaß di hoibat trogn.« Sie kriegt einfach sachlich zur Antwort: »Du, de schaug o, geh' daad i nimma kenna, wo i's doch eigns vor fünfavierzg Johr glernt hob.«

Doch als der stille Genießer dann von zwei molligen Salvator-Walküren in die Mitte genommen wird, um zu schunkeln, und als diese lieben Schwestern zur Walzerweise auch noch heftig den tröstlichen Refrain singen: »Es geht alles vorüber, es geht alles vorbei, auch der Herr Hitler mit seiner Partei«, löst sich der Kavalier langsam aus dem beginnenden Nahkampf. Schon deshalb, weil er halt befürchtet, das herrliche Wonnesüpplein in seinen Innereien könnte infolge allzu heftiger Bewegung zu Malzzucker werden, der ihm dann aus dem Mund wieder herausfallen würde. Dann geht er gemütlich und hocherhobenen Kopfes, damit er nichts von der genossenen Köstlichkeit verschüttet, den Monte Suri wieder bergab. Nicht ohne dem Ordnungsmann im tiefen Mitgefühl ein Nickelstück in die Hand zu drücken. Denn wie wird dem mäßig besoldeten Erzengel, der dieses Paradies bewachen muß, wohl zumute sein, wenn er täglich immer nur zuschauen muß, wie viele hundert Räusche an ihm vorbeigetragen werden. Und nicht ein einziger davon gehört ihm selber.

Hochsaison im Hofbräuhaus

Den »Stammtisch der Völker«, die »Tränke des Abendlandes« oder das »Feuchte Herz der Welt« nennen manche Enthusiasten die alte Hopfenburg am Platzl: das Münchner Hofbräuhaus. Und die halbe Million Besucher, die jährlich dort einkehren, nehmen in ihrer Begeisterung nicht nur die besten Eindrücke mit heim, sondern auch noch zehntausend Maßkrüge, hunderttausend Bierdeckel und mehrere Doppelzentner Speisenkarten sowie die köstlichen Sprachsouvenirs »Oachkatzlschwoaf« und »Loawedoag«. Ferner tragen sie ungezählte Räusche aller Handelsklassen vom harmlosen »Nickl« oder »Stich« bis zum »Sau-Bomben«- und »Fetzen«-Rausch durch die gutmütig knurrenden Eingangstüren wieder hinaus.

Jetzt in der Hochsaison ist auch der Festsaal vollgefüllt mit Fremden, Fremdenführern, Filmstars, Firmlingen, Freilassingern und fröhlichen Fraternisiererinnen aus Frankreich. So daß man höchstens noch auf dem Knie eines Ordnungsmannes einen Sitzplatz kriegen kann. Und die blitzenden Trübsal-Abwehrkanonen der Blasmusik schmettern ganze Breitseiten hinauf in den vom Bierdunst gebeizten Himmel.

In der Trinkstube aber, in welcher sich die gehobenen Wandervögel und Travellers gerne niederlassen, schauen die hochwillkommenen Gäste mit stummem Staunen die Haxen der Kellnerinnen ebenso gerne an wie jene, welche diese Brotzeit-Walküren auf riesigen Tellern an ihnen vorübertragen. Und die kaum mehr von einer Sau stammen können, sondern höchstens noch von einem Saurier. Auf dem Gipfel dieser Fleischberge ist dann auch noch ein kleines weißblaues Fähnlein aufgepflanzt wie im Himalaja, wenn wieder einmal ein Siebentausender erobert wurde.

Nicht weniger lustig geht's in dem kleinen behaglichen Kastaniengarten zu. Dort wo in der guten alten Zeit schlagflüssige Privatiers, rotnasige Dienstmänner, hoffnungsvolle Studentlein und ratschende Rentner um die Stehbanzen herumstanden und große

Politik zu kleinen Käsewürfeln oder reschen Weckerln machten.
Der mürbe alte Sandsteinlöwe hört diesem plappernden Säufer-esperanto auch heute noch aufmerksam zu, und er hat sein Maul dabei halb geöffnet, als hätte man ihm seinerzeit bei der Entmilitarisierung seine Zahnprothese herausgenommen und vergessen, sie je wieder zurückzugeben.
Das eigentliche Mekka aller Durstigen ist jedoch immer noch die Schwemme. In den stockwerkhohen Regalen warten viele Hunderte von Henkelvasen beharrlich auf ihre Inbetriebnahme.
Und hier können ortsfremde Zecher mit einem leisen Schaudern

verfolgen, wie die überschweren Schenkkellner immer wieder einen der dickleibigen Banzen entjungfern und ihre Maßen mit winzigem privaten Schanknutzen verteilen. Ein zugewanderter Tramp kann nicht wissen, daß der Vater Staat selbst schon seine fünf Liter Bier von einem Faßl als »Überschank« für sich beansprucht. Manche Wanderer bleiben wohl auch an dem Stammtisch der »Woipatinger« stehen und betrachten lange das darüber schwebende seltsame Fabeltier, das sie vielleicht für die Halla vom Hans-Günther Winkler halten mögen. Oder sie verfolgen mit ungläubigem Gesicht, wie ein winziger bayerischer Bub, der eigentlich noch ein Flaschenkind sein müßte, bereits einen eigenen Krug hingestellt kriegt und immer wieder mit Inbrunst daraus zuzzelt. Würde aber so ein Unkundiger dann den freundlich nickenden Herrn Papa womöglich einmal zur Rede stellen und sagen: »Aber wie kann man denn so ein Kind schon einen ganzen Liter Bier trinken lassen?«, so würde er möglicherweise zur Antwort kriegen: »O mei – was woaß denn so a kloans Wutzerl scho, wiavui a Maß is!«

Nachruf auf einen Bräugaul

Jetzt ist er allein, der Lenz. Gestern haben sie den Jackl abgeholt. Fünfundzwanzig Jahre ist er alt geworden. Das ist recht viel für einen Brauereigaul. Der Lenz, sein Pflastergefährte über zwei Jahrzehnte, auch schon grau und abgewetzt wie ein lebenslanger Handlungsreisender, schaut mit matten Augen manchmal in die leere Box nebenan, und niemand weiß, was er denkt. Zwei Jahrzehnte waren die zwei Deichselkameraden.

»Der Jackl ist da Gscheider, aber der Lenz is da Fleißiger«, sagte der Bierführer Sepp jedesmal, wenn man sich nach seinen braven Traktoren mit Ohren erkundigte. Der Sepp ist ja nun auch schon wieder an die sieben Jahre am »anderen Ufer«. Und ein Junger, Bartl heißt er, hat seinen hohen Sitz auf dem altmodischen Bierfuhrwerk eingenommen. Aber auch er ist ein guter Kutscher und mochte sein Gespann. Und meistens pfiff der Bartl ein lustiges Liedl; schon in der Früh, wenn er die zwei Apfelschimmel einspannte, fing er damit an. Jeden Tag zogen sie an die dreitausend Maß Bier fünfzehn Kilometer weit durch die Stadt. Mit einer Höchstgeschwindigkeit von vier Kilometern in der Stunde.

Die Freunde vom Jackl behaupteten sogar, er würde die Verkehrszeichen kennen und könnte auch lesen. Wenn die Ampel Gelb zeigte, stieß er mit seiner Samtschnauze den Lenz an, der manchmal an der Kreuzung träumte. Aber dafür ließ er ihn auch kräftig anziehen, bevor er sich selber ins Geschirr legte. Ging's nach rechts, gab der Jackl ein Zeichen. Weil er aber den Vorderhuf nicht hinaushalten konnte als Winker, schlug er mit seinem langen buschigen Schwanz in diese Richtung. Und der Lenz zog immer, was er nur konnte. Er war eben der Fleißigere. Die Bierreise der Zwei war stets voller Abwechslung und ungemein interessant. Schon an der Tafernwirtschaft »Zum Nibelungenhort« warteten ein paar kleine Kinder auf ihre geliebten »Ferdilein«. Sie brachten jedesmal eine Schachtel voll Gras mit, das sie in einem Hof ausrupften. Gnädig und sanft wiehernd fraßen es die zwei Caval-

los auf. Auch die Zeitungsfrau, die genau zur selben Zeit ihren Weg kreuzte, hatte fast jedesmal ein mürbes Eierweckerl dabei, das sie exakt in zwei Hälften aufteilte und verfütterte. Dann kam der lächerliche Dackel der Frau Hagerzopf und bellte den riesigen Jackl an, der ihn mit gutmütigen dunklen Spiegeleieraugen betrachtete. Mitsamt der Leine hätte er natürlich diesen Zwerg Nase einschnaufen können. Aber der Jackl war halt von der Gemütlichkeit einer großen schweren Kreatur.
Beim alten Wachszieher in der Wiener Straße gab es manchmal einen ganz besonderen Leckerbissen. Dieser betagte Kindskopf strich nämlich, wenn's auf die Lebkuchenzeit hinging, die Deichsel mit Honig ein, und das war natürlich ein Kirchweihfest für die beiden Leckermäuler. Einmal sind die beiden Gäule mit einem richtigen Fetzenrausch heimgekommen. Als dem Kutscher Sepp ein Faßl herunterfiel und zerbrach, waren die Apfelschimmel so frei und schleckten die bittersüße Suppe fein säuberlich zusammen, bevor sie in den Gully lief.
Jetzt war das eben alles aus, vorbei und vorüber. Gerade kommt der Bartl wieder daher, und als wenn er die Gedanken des Lenz erraten hätte, versucht er ihn mit einer saftigen gelben Rübe zu trösten. Das Pferd nimmt die Gabe mit schlaffen Lippen und kaut sie, um dem Bartl einen Gefallen zu tun, mit den gelben, lang gewordenen Zähnen. Dann pfeift der wackere Rosselenker noch ein Liedl vor sich hin. Aber nicht aus Taktlosigkeit, sondern um dem einsamen Gaul einen kleinen Trost zu spenden. Wer die alte Melodie kennt, der kennt auch den Text, den der Bartl nachher ein bißchen kindisch vor sich hinsummt: »Wia da Schimmi tot is gwen, / ham ma eahm an Schippi Heu higebn, / net daß d'Leut sagn: zwengs da Not / is da Schimmi tot.«

Trost im Glas

Früher sagte man einfach »Schnapsler« zu diesen Laderln, in welchen das kleine Glück im Glas ausgeschenkt wird. Und neben der Stammkundschaft kamen auch Leute aus den Nachbarhäusern, Hausfrauen und Gassenkinder mit einem Zettel, auf dem stand »ein Quartel Rumverschnitt«. Für den Tee, weil die Schwiegermutter zu Besuch kam. Sie holten auch »um a Fuchzgerl an Arrak«, wenn der Papa eine Grippe ausschwitzen wollte, oder vielleicht auch bloß ein bißchen Alkohol zum Einreiben von der Oma. Die meisten Schnapsler führten damals noch einen selbstangesetzten Enzian, einen Hagebutten- oder einen Johannisbeerwein, der nach einem Geheimrezept aus der betriebseigenen Heimgartenernte fabriziert wurde und in großen Glasballons vor sich hin gluckerte. Alte Rentner, die sich nach dem wärmenden Schlückerl zufrieden die steifen Fingerknöchel rieben, mehrere köndlgefütterte Marktfrauen, ein Dienstmann, der im Vorbeigehen schnell einen Rachenputzer inhalierte, wozu er eine kräftige Prise Schneeberger aus dem Schmalzlerglaserl des Ladeninhabers nahm, oder ein paar Obsthausierer, die ihre leeren Radikarren vor der Tür parkten, suchten hier einen gemütlichen Ratsch und ein bisserl Lebensmut zu kleinen Preisen.
Auch heute, wo der Schnapslerladen zum Stehausschank geworden ist und sich »Beim Simmerl«, »Zum stillen Zecher« oder »Kleine Liebe« nennt, ist dieser Ort noch immer die Cocktailbar des bescheidenen Mannes. Schrullige Käuze, kleine Eierdiebe, pflastermüde Vertreter, filmreife Bettler und manchmal auch eine farbenfroh geschminkte Randstein-Lady, die sich einen Stiftzahn voll Trost für ihr verpfuschtes Leben kauft, bilden die bunte Familie, die sich meistens schon am frühen Vormittag an der Hartfaser-Theke trifft. Der erste Gast und auch der letzte ist seit Jahr und Tag ein winziges Männchen mit einem Gesicht wie eine nasse Faust, den sie den »Schopenhauer« nennen. Er investiert fast sein ganzes Ruhegeld in preiswertem Wein, der ihm an

der äußersten Ecke der Theke hingestellt wird. Denn der Schopenhauer, ein ungemein pfiffiger Philosoph, hat seinen Namen nicht nur von dem großen Kollegen, sondern auch davon, daß er mindestens einen von den fünf Schoppen, die er täglich schluckt, umhaut. Doch alle mögen ihn gern, und hin und wieder wird ihm auch ein Römer voll Südtiroler spendiert, den er sich dann gutschreiben läßt. Er kennt eine Unmenge von kleinen Sprüchen und Liedern, von denen er auf Wunsch ohne weiteres eins zum besten gibt. Zum Beispiel das schöne Poem vom »Dudelquack-quack«, oder jenes, das mit der geistreichen Strophe schließt: »Und der Herr Pfarrer / mit Namen Scharrer / verspeist den Frosch / samt der Soß / diqualiquack.« Fragt man ihn zu irgendeinem Thema nach seiner Meinung, so sagt er gern: »Ganz recht, ganz recht. Was nützt schon dem toten Hund ein Beefsteak.«
Ebenso bekannt ist in der von Virginia- und Zigarettenrauch gebeizten Kajüte auch der »dritte Mann«. Er wird deshalb so geheißen, weil er immer genauso zittert wie der berühmte Zithervirtuose Anton Karas. Deshalb muß er auch das erste Glas mit beiden Händen auf dem Schanktisch festhalten und sich dazu hinunterbeugen. Dann saugt er den Stoff mit seinem grauhaarigen Igel-Rüssel an. Erst nach dem dritten »Hieb« geht es ihm schließlich besser. Obwohl er auch da noch beim Griff nach dem Glas wackelt, als wäre er an den städtischen Wechselstrom angeschlossen. Ein seltsamer Heiliger ist ferner der narrische Maxl. Ein ehemaliger Lokomotivführer, der sich am liebsten mit sich selber unterhält. Dazu schaut er in den fleckigen Wandspiegel, nimmt seinen Hut ab und begrüßt sich jedesmal mit einer tiefen Verbeugung. Alsdann prostet er dem Spiegelbild sehr feierlich zu. Manchmal aber scheint der Maxl auch in Geldschwierigkeiten zu sein, dann pumpt er sich selber vor dem rauchblinden Reflektor an und bettelt: »Aba geh, wirst doch deinem alten Freund an Fünfer leicha. Kriagst'n morgn gwiß wieda zruck.« Und in der Tat, anderntags erfolgt pünktlich vor der gläsernen Schwachsinnswand die feierliche Begleichung der spinnösen Schuld.

Ach ja, es ist lustig, schön und gemütlich in dieser Oase des kleinen Vergessens. Und wenn der Herr der vielen Flaschen schließlich seine Rollos als letzte Aufforderung bereits zwei Drittel heruntergezogen hat, dann schlüpft wie eine kleine graue Maus der Schopenhauer rasch in die dämmrige Straße hinaus und murmelt den völlig schizophrenen Reim vor sich hin: »Es war amoi a Bua – und der Bua hod an Hund ghabt – und wiara den Hund gwogn hod – da hod da Hund a Pfund ghabt.«

Das Abgründige in einem Hendlbrater

Zum erstenmal kam Bartholomäus Balthasar Siegschwert mit gebratenen Hühnern in näheren Kontakt, als er Hose und Weste noch in einem Stück trug. Denn bereits mit vier Jahren wurde er von seinem Onkel Balduin Siegschwert an die schmiedeeiserne Kurbel seines Hühnerofens verpflichtet. Der kleine Bartl, wie sein Gebrauchsname lautete, bewegte vornehmlich auf Volksfesten zwanzig durchweg bayrische Brotzeit-Adler täglich sieben Stunden lang mit der Hand. Und am liebsten zu den sanften Walzermelodien der Karusselle, die mit asthmatischem Gedudel den »Himmelblauen See« oder »Freut euch des Lebens« in die warmen Spätsommertage zitterten. Manchmal dachte der Bub auch daran, warum sein Onkel, die Geschwister Barbara und Bonifaz sowie seine Tante Babette alle Namen hatten, die mit »B« angingen. Viel später erfuhr er dann einmal, daß der »Onggi« ein leidenschaftlicher Anhänger des Pferdesports war, wo es bekanntlich der Brauch ist, daß ganze Generationen von Mustangs den selben Anfangsbuchstaben tragen.

Es war eine schöne Zeit, wie sich der Bartl, der jetzt schon selber seine halbmillionste Grill-Amsel geröstet hat, gerne gesteht. Früher mußten sie zwar die Hendl fast alle noch selber rupfen. Denn sie kamen aus dem Bayrischen und hatten ungemein lange Beine, weil sie doch jedem Wurm kilometerweit über die Äcker nachjagen mußten und nicht wie ihre heutigen Nachkommen vollmechanische Atzung erhielten. Manche Gäste brachten seinerzeit sogar ihren eigenen Heimgarten-Kikeriki mit, den sie dann für dreißig Pfennig an den Spieß stecken durften. Da kam dann in den Bauch, mitten in die frische Petersilie, die der Herr Siegschwert in zwanzig Gartenbeeten selber pflanzte, ein Zettel mit dem Namen des Besitzers hinein. Die Email- und Eisentöpfe der Fierantenfamilie aber waren in diesen Jahren immer zum Überlaufen voll. Mit köstlicher Hühnersuppe oder gedünsteten Hühnermägen oder würzigen Leberschmankerln gefüllt. Das war den

kleinen Muskelkater leicht wert, den der winzige Jüngling am Feuerofen jeden Abend zusammen mit einem entsetzlichen Brand nach Hause trug. Denn wenn er zum Onkel unter der Arbeit sagte: »I hob so an Durscht«, so wurde er von seinem Prinzipal, der täglich selber seine sieben Maß Bier aus den mitgebrachten Flaschen schluckte, lediglich mit Wasser angespritzt. Und so wuchs also der Bartl langsam im beißenden Holzkohlenrauch heran und erlebte auch noch den ersten Elektromotor, den sie bekamen, was ein großer Luxus war. Denn einige Jahre vorher wurde sogar ein gewaltiger Ochs am Spieß noch von einer pfauchenden Dampfmaschine bewegt.

Eines Tages jedoch, bei einem Gastspiel auf einem Kirchweihmarkt, brachten sie den »Onggi« daher. Auf eine ausgehängte Tür gelegt, wie weiland den toten Siegfried auf seinem Schild. Er war hinübergegangen. Mit dem Maßkrug in der Hand und einem sauberen Infarkt in der Brust.

Bartholomäus war alsbald sein Nachfolger, und er erzählt heute noch, nach sechzig Jahren Tätigkeit an der zwei Meter langen Glut, gern von den guten alten Holzkohlenzeiten. Denn heute brät er natürlich auch längst mit Infrarot. Stolz denkt er auch an seine berühmte Kundschaft zurück, an den Kommerzienrat Krauss von der Lokomotivfabrik, den ehrwürdigen Maßkrug-Monarchen Schottenhamel, den König der Wies'n, oder an den spitznasigen Karl Valentin, der aus irgendeinem rätselhaften Grund immer nur ein »protestantisches Brathendl« wollte. In jener Zeit kam auch oft ein Blindenhund mit einem Körbchen im Maul zum Bartl gelaufen. Und da lag ein Zettel drin: »Bittschön, ein paar Hendlkrägen.« Als der Bartholomäus dem braven Hund schließlich einmal nachging, fand er ihn bei einem bettelarmen Mann vor einer Bank auf der Spitalerrennbahn sitzen. Und der Alte kaute mit sichtlichem Genuß an dem Hühnerabfall herum. Da legte dann der Herr Siegschwert zum Saisonschluß ein ganzes Hendl in das Körberl und dazu auch noch ein Fünfmarkstück. Seine Spezl aber erzählen auch noch eine andere Geschichte vom Bartl. Im Sommer briet er nämlich immer in einem großen Bierkeller. Und da war einmal in seiner Hütte eine reizende Mäusefamilie, die sich im Lauf der Zeit mit ihm so sehr anfreundete, daß sie der Bartl anlocken konnte, um sie mit Käs und Brotbröseln zu füttern. Als dann die Stoßzeit kam, versammelte der Hendlbrater seine Mäusesippe vollzählig um sich, nahm die große schwere Bratpfanne und sagte: »Es tut mir leid, aber wenn euch der Bezirksinspektor sieht, ist der Teufel los.« Und mit einem einzigen Schwung beförderte er seine kleinen Kostkinder in den Mäusehimmel. Das Abgründige in einem Hendlbrater.

Das Ende der Tischdamen

Manche haben ihn noch persönlich gekannt, den schönen Gigolo, von dem es dann in dem alten Song so traurig hieß: »Es ging dem jungen Leutenant die schöne Welt in Fransen. Und jeden Abend muß er nun mit Donna Clara tanzen.« Damals gab es in Deutschland noch ein paar hundert windschlüpfige schmale Jünglinge, die davon lebten, daß sie in den Bars und beim Fünfuhrtee böse alte Krokodile im Zweivierteltakt vor sich herschoben oder unbefriedigte dicke Schraubendampfer durch die brausenden Wogen des Nachtlebens bugsierten. Bis dann der große Heldenmacher Adolf kam und ihnen den bekannten Fußlappen-Foxtrott beibrachte, den sie zu den Melodien der Stalin-Orgel bis zum Umfallen tanzen mußten.

Als das vorüber war, kamen ein paar findige Besitzer von Nahkampfdielen auf die Idee, »Taxiboys« einzuführen. Das waren Portokassen-Bübchen, die für dreißig Pfennig Salär jede x-beliebige Dame einmal schwenkten und, wie es in der Hausordnung stand, »von diesen auch an die Bar gebeten werden« durften. Gleichzeitig wurden zahlreiche Läden mit Tischdamen und Telephonverbindung aufgemacht. Dort konnten die Notwendigen beiderlei Geschlechts vorerst einmal fernmündlich miteinander verkehren, um sich später dann noch bedeutend näher zu kommen.

Der Spaziergänger bekam mindestens einmal in der Woche von zweifelhaften Jungfrauen, die bei Tageslicht aussahen, als würden sie nachts auf ihren Gesichtern sitzen, rote Zettel in die Hand gedrückt, mit der Nachricht: »Vierundzwanzig schöne Frauen erwarten Sie dringend im Laila!« Und natürlich besah sich dieser Mann die zwei Dutzend Mitternachtsmatschakerl auch einmal näher.

Nun ja, es waren halt die üblichen wilden Orchideen, die sich sofort um jeden Gast ranken wie der zähe Efeu seinerzeit um das Dornröschenschloß. Die Zettelmamsellchen waren übrigens auch darunter, und die arbeiteten nachher bei fortgeschrittener Tuchfühlung mit einem ganz besonders schmutzigen Trick: Sie drückten den Freiersmännern hübsche kleine Schlüssel in die erwartungsfeuchten Vorderhufe. Die sollten angeblich in ihren Appartements in der Dingsdastraße sperren, und die angeheizten Galane sollten mit Gewehr über nur ruhig vorausgehen, sie würden dann schon nachkommen in ihr stilles Kämmerlein. Der kleine Sesam-öffne-dich sperrte jedoch höchstens das Siegestor auf, das aber bekanntlich sowieso Tag und Nacht geöffnet ist. Denn die lieben Maiden kauften doch die falschen Eisenbärte gleich kiloweise beim Kustermann.

Nun sind sie ganz still und heimlich von uns gegangen, die Gammelgeishas der Spekulationsspelunken. Einige haben sich wohl gesagt: Ich habe jetzt das ewige Arbeitnehmerleben endgültig satt. Ich kaufe mir eine Couch und mache mich selbständig.

Der geladene Gast aber hat sich über das Ende der Tischdamen auch noch ein paar Gedanken gemacht. Und er kam zu dem Schluß, daß wahrscheinlich die bürgerliche Konkurrenz zu groß war für diese Halbprofis. Denn in einer Zeit, wo es längst überall Orangen ohne Kerne gibt und Ölsardinen ohne Gräten, da gibt es sicherlich auch Rosen ohne Dornen. Drum hat die züchtige Jungfrauen-Hymne »Röslein sprach, ich steche dich« längst nur mehr Inflationswert. Denn stechen tun doch lediglich noch die Knaben.

Außerdem halten es die jungen Schönheiten glücklicherweise einfach für unmoralisch, sich an der Sektflasche ihres Samstag-Bräutigams zuerst vollzusaugen wie ein griechischer Badeschwamm, um dem erwartungsvollen Begleiter dann nichts anderes dafür zu geben als nur die nackte Hand. Wenn er sie nämlich schon betränkt und befuttert hat, dann ist es doch mehr als recht und billig, daß er sie auch be-schützen darf. Das gehört sich nämlich so für ein anständiges Mädel, das sich nichts schenken lassen will — sagen die Schönen der Vorstädte.

Und überhaupt haben jene Mädchen mit den kurzen Röcken darunter meistens auch noch sehr lustige nervöse Hemdchen an.

Und zum dritten halten sie es halt alle liebend gerne mit dem berühmten Dudelhoferlied vom Graser James, in dem es so nekkisch heißt: »Und die Münchner Madln / ja de san ned a so / de woin a Zuadeck hom / doch ned aus Hei und Stroh. / Die muaß lewendig sei / und auf und nieda geh / und tamteramtamtam.«

Tango mit dem Bananen-Edi

»So Leit, gehts raus heit – vierzehnkarätige Meraner Goldtrauben hamma heit. Mordsdrümmer Lackl – drei Pfund nur a Makl.« An diesen Werbegesang, der früher regelmäßig jeden Vormittag von den Hinterhöfen der Vorstädte die grindigen Mauern bis zu den eisernen Miethauskanzeln emporkletterte, mußte der Einheimische denken, als er das Sommerfest der Münchner Tomaten-Nomaden, der Obsthausierer, draußen in der Waldwirtschaft besuchte. Auch erinnert sich der Münchner noch gerne an jene Tage, da die wackeren Obstler ihre Rikscha noch persönlich in die Großmarkthalle schoben, dort hoch beluden und dann den kleinen Berg in die Innenstadt nicht mehr mit eigener Kraft hinaufkamen, so daß zahlreiche Barfußläufer ihre Dienste als Hilfsmotoren anboten. Weil aber die schwer schnaufenden Jünger von Sankt Citrus vielfach nur »vom Stamme Nimm« waren und ihre minderjährigen Schrittmacher auf der Hügelhöhe bloß mit einem »Merssä« entlohnten, zahlten sich die pfiffigen Apshaltjunioren meistens selber aus. Nämlich, indem sie kurz vor Erreichung der Höhe einfach zwei Orangen oder eine Handvoll Zwetschgen einschoben und dann mit platschenden nackten Fußsohlen eilig über das handwarme Pflaster entflohen. Der schimpfende Kohlrabi-Dandler konnte seinen grüngestrichenen Sulky ja nicht auslassen, sonst wäre er wieder zurückgerollt in das städtische Südfrüchte-Mekka. Die Gassenbuben aber dichteten die Parole: »Oschiam, eischiam, davoschiam.«
Ach ja, einen unter diesen Obstfellachen mochten sie auch noch besonders gern. Denn immer hatte der »Bewährungs-Max«, wie sie ihn hießen, einen angefaulten Apfel für sie, eine schwarz gewordene Banane oder wenigstens zwei Kirschen, die am Stengel zusammengewachsen waren und, über die Ohren gehängt, einen herrlichen Renommierschmuck darstellten. Samstags aber, wenn der Karren vom Max leer war, dann ging er nachher in die Gast- und Tafernwirtschaft »Alte Zeit« zum Watten. Und wenn dann

die bleiche Säufersonne, der Morgenmond, am fahlen Himmel stand, holte ihn seine Braut, die rote Giggi, ab, legte ihn auf sein Wagerl und fuhr ihn wie einen gefallenen Trojaner heim in ein kümmerliches Mietgartenhäuserl, in dem der Maxe hauste und schlief.

Vielleicht besucht der Asphalt-Latscher gerade aus dieser Erinnerung heraus die bodenständige Gala der Münchner Kopfsalat-Komantschen gar so gern. Und weil es dort auch immer so »altdeutsch« zugeht, wie der Herr Vorstand bei der Begrüßungsansprache ausdrücklich erwähnt. Tatsächlich trifft er dort jedesmal viele der bekannten Figuren, die vom Straßenkreuzungswind gegerbt und verwittert sind und die sonst das ganze Jahr hinter ihrem Kleingeld-Kaufhaus stehen. Der Trauben-Lutte, der Gfuide Scholle, der Bananen-Edi und die herbe Sellerie-Margot, die diesen Namen deshalb hat, weil sie eine »Büxlmadam«, die nur ein Viertel von einem Knollen kaufen wollte, einmal an einem schlecht bestrahlten Tag mit ihren nahrhaften Gnomenköpfen bis in den vierten Stock eines vornehmen Hauses hinauf bombardierte.

An ihrem Sommerfest aber sind sie alle friedlich, die »Ambulanten«, und ihre Herzen sind weich wie die preiswerten Williamsbirnen, die sie sonst mit geringem Nutzen verkaufen. Die Festkapelle ist angewiesen, mindestens zur Hälfte Lieder und Schlager aus längst vergangenen Zeiten zu spielen. Und so hört man sogar noch den »Bummel-Petrus«, den »Kleinen Meier vom Himalaja« oder die »Valencia«, die der Herr Schriftführer und sein Kompagnon, der Kokosnuß-Ferry, mit dem untergelegten Text mitsingen: »Valänzia, schönste aller Rosen, laß dich kosen vom Hausierer ohne Hosen, eine Nacht.« Und als besondere Einlage legt der Bananen-Edi mit der Suppengrün-Sofie einen original Pariser Apachen-Tango aufs staubige Zementparkett.

Selbstverständlich kommen auch die zahlreichen Obstlerkinder beim Vergnügen nicht zu kurz. Da wird ein »echtes Münchner Eierlaufen« veranstaltet, das der hoffnungsvolle Sprößling vom Dattel-Erich mit Abstand gewinnt, weil er von seinem Vater per-

sönlich gemanagt wurde, und der hatte ihm angeraten, vorher kräftig auf den Löffel zu spucken, weil dann das wackelnde Ei besser halten würde. Aus dem übervollen Krabbelsack ergattert der Besucher selber auch zwei Tüten Erdnüsse und eine künstlerisch hochwertvolle Figur aus Gips, die den als Hochzeitsgeschenk einst so gefürchteten »Dornauszieher« darstellt. Den eigentlichen Haupttreffer jedoch angelt sich der achtjährige Pablitschek Gaggi heraus: einen Gutschein über fünf Maß Bier, die er mit seinen Spezln bis zum Einbruch der Dunkelheit heimlich gegurgelt hat, worauf er seinen Vater einen »wurmigen Morgenduft« heißt. Das Schmerzensgeschrei des übergelegten Stammhalters vermischt sich harmonisch mit dem Geläute der Abendglocken vom Pullacher Kircherl.
Etwas später hat sich dann auch noch eine kleine Gruppe gebildet, die herzergreifende Lieder singt. Darunter auch die schöne Hymne des fahrenden Obstlervolkes: »Ein Obstlerkarrn auf allen Wegen, mehr hab' ich nicht, ich bin ja nur ein armer Hund.« Zur selben Zeit aber naht auch da und dort ein Kavalier von der grünen Deichsel und bugsiert sein Liebchen sachte in den nahen Tann. Um dort nachzusehen, wie es um das Limonenwachstum seiner Sommerfestbraut bestellt ist. Und wenn diese Pärchen dann zurückkommen und sich lächelnd gegenseitig die Tannennadeln abzupfen, dann ist sich alles in stummer, glücklicher Eintracht darüber klar, daß die ehrsame Gilde der Münchner Obsthausierer bei solcher Brauchtumspflege so schnell nicht aussterben kann.

Das Gartenfest

Links und rechts an der maurischen Pforte, die zum »Garden« führt, sitzen zwei riesige Porzellanhunde. Sie bellen nicht und beißen nicht und blinzeln nur blöd mit keiner Wimper. Der Rasen ist streng militärisch geschoren, wie der Stiftenkopf eines alten Generals, dem man aus Versehen die Haare grün gefärbt hat. In der Mitte kränkelt eine völlig überzüchtete Trauerweide unheilbar vor sich hin. In ihrer mittelbaren Nachbarschaft wiehert lautlos ein Karussellpferd ein bißchen höhnisch und schadenfroh, weil es zweitausend Mark gekostet hat.

Auf das Dach des Bungalows hat der Hausherr gleich gar ein altes Wagenrad montieren lassen, für ein eventuelles Storchennest. Dabei weiß doch die ganze Umgebung, daß Freund Adebar hier nicht mehr zu liefern braucht, weil die gnädige Frau längst in den diesbezüglichen Ruhestand getreten ist und nur noch zum Renommieren in ihrer monumentalen Hornbacktasche die Pillenschachtel mit herumträgt.

Rund um den Swimming-pool, auf dessen müden Wellen riesige Plastikblüten schaukeln, warten kleine, spinnenbeinige Stühlchen auf ihren Ballast, und beim Rhododendron steht eine Hammondorgel neben einem unendlich bleich geschminkten Virtuosen mit einer hochmütigen Köchelverzeichnisnase.

Gegenüber auf dem kalten Büfett nässeln viel kleine Brötchen, und grüne Oliven und nackte Heringe, ein meterlanger Rehrükken, Forellen in Aspik, ein langer Lachs von den Lofoten, harpunierte Würstchen, ein Korb mit Artischocken und anderes Vogelfutter künden weithin vom Reichtum des Gastgebers.

Für die ankommenden Gäste zum vornehmen Gartenfeste steht ein ausgehöhlter alter Dorfheiliger als Schirmständer sowie ein umgebauter Beichtstuhl als Garderobe zur Verfügung. Die Herren picken zur Begrüßung beim Handkuß gierig nach den Brillantwarzen der Madame wie alte Gockel nach den Weizenkörnern. Die Damen aber turteln »Ei, ei« bei der Hausfrau, sagen »Herz-

chen« und »Meine Liebe« zu ihr und schnuppern verächtlich, wenn das Parfüm der Gastgeberin nicht von Joy stammt.
Aus rätselhaften Gründen wird der Drink grundsätzlich nur im Stehen eingenommen, obwohl natürlich überall Affenschaukeln und Korbstühle auf ihre Inbetriebnahme warten. Weil die Geladenen in der einen Hand meistens einen Cocktail und in der anderen das Sandwich haben, können sie sich nur verbeugen wie die Lipizzaner in einem Zirkusprogramm.
Geht der Neuankömmling dann zur nächsten Gruppe, so schauen ihm die anderen Plauderer meist ein bißchen höhnisch und schadenfroh nach, als hätte er auf dem Rücken ein Schild, wie man es manchmal einander in der Jugendzeit anheftete: »Ich bin blöd.« Handelt es sich um einen weiblichen Neuzugang, so wird der lieben Mitschwester von den anderen Damen nach dem säuerlichen »Guten Abend« sofort mit schnatterndem Verleumdungsbiß der Leumund übel eingesäumt. Was übrigens die Cocktails auf so einem Oliven-Derby anbetrifft, so schmecken die meisten auch genauso, wie sie heißen. Nämlich nach Hahnenschwanz. Manchmal möchte man sogar glauben, es wäre noch das Hinterteil vom Gockel drangewesen. Später erfolgt dann auch noch eine Lampionpolonäse. Und die Damen treten flugs Tausende von tiefen Absatzlöchern in den unschuldigen Rasen, von dem sonst jeder krabbelnde Roßkäfer mit einem Elektroschock verjagt wird. Bei solchen Gartenfesten gibt es auch eine ganz bestimmte Sorte von Partygästen, die sich vor jeder Einladung den Magen auspumpen lassen und die Anzugtaschen mit Wachstuch gefüttert haben. Zum Heimtransport der übriggebliebenen Hummerschenkel. Diese Mitesser dürfen nirgends fehlen und gehören zur Society wie der Henkel zum Maßkrug. Sie ziehen von Fest zu Fest und fressen sich unaufhaltsam durch wie konzentrierte Schwefelsäure. Und sie ruhen und rasten nicht, bis die Tafel mit dem kalten Büfett so leer und kahl geworden ist, als wäre sie vom Schreiner abgehobelt worden.

Amerikaner, Boxer und Bärendreck

Lange und kopfschüttelnd steht der einfache Ureinwohner in seinem grünen, wallenden Lodenmantel vor der Auslage einer modernen Bäckerei. Aber er hat sich nicht verschaut. Unter der kleinen Pyramide aus frischem Weizengebäck steht tatsächlich das Wort »Schrippen«. Und im Weitergehen murmelt der rückständige Münchner dann vor sich hin: »Da fehln eigentlich bloß mehr ›Aschinger Knüppel‹ oder ›Schmalz-Stullen‹ in dem Sortiment, des heit die Bäcker bei uns ham.«

Anschließend, nachdem der Ärger des grimmigen Brotzeitspezialisten über den Einbruch nordischer Lebensart in die bayerischen Belange wieder langsam verweht ist, zieht vor seinen Augen eine lange Reihe längst vergessener Schmankerl und heimischer Genüsse vorbei.

Er denkt zuerst einmal an sein Brot der Kindheit, das er beim Bäkker Nebengaul in der kleinen Vorstadtstraße um ein Fünferl für die Schulpause kaufen durfte. Es war der heißgeliebte »Warschauer«. Ein »Zusammengekratztes«, in dem freilich auch manchmal ein längerer Holzsplitter, wenn nicht gar ein allzu früh dahingeschiedener Backstubenkäfer zu finden war. Doch gab es für das Fünferl von dieser köstlichen Labe ein Trumm, das mindestens so groß wie zwei Kinderfäuste war und das spezifische Gewicht von Uran besaß. Wenn die mehlbleiche Bäckermeisterin besonders gut aufgelegt war, stäubte sie möglicherweise auch noch ein bißchen Puderzucker darüber. Heute würde ein Gebäck von solch zweifelhafter Zusammensetzung, wie es der »Warschauer« war, wohl von jeder Bezirksinspektion und Gesundheitsbehörde »unter schwerste Strafe gestellt« werden, und der Bäcker hätte vielleicht sogar mit einer Anzeige bei der Liga für Menschenrechte zu rechnen.

Neben dem »Warschauer« war es vor allen Dingen das herrliche Fünferl-Gebäck, das dem alten Mann im Geiste noch einmal auf der Zunge zergeht. Die »Boxer« mit Haferflockenzusatz und die großfladigen »Amerikaner«, ein kegelförmiges Gebäck, das auf der Unterseite mit einem nässelnden Zuckerguß überzogen war. Auch der Waffelbruch kostete nur ein halbes Zehnerl, ebenso wie die Schaumrollen, die Negerküsse oder die mürben Schokoladebrezen. Außerdem hatte der kleine Kunde auch noch die Möglichkeit, beim Bäcker für seine handwarme Grünspan-Münze eine »Überraschung« zu erstehen. Eine goldene Tüte, in der dann vielleicht ein grüner Blechlaubfrosch war, mit dem man seinem Schulspezl stundenlang in die Ohren schnackeln konnte. Ferner stand noch zur Wahl ein Spritz-Dietzel, den man am Wasserhahn im Schulabort füllte, um dann beim Heimgehen die in der Sonne hängenden Plumeaus braver Parterre-Mütter ausgiebig einzunässen.

Im kleinen Bahnhof des Millidistel-Expreß, wie der Vorortszug auch genannt wurde, fanden sich immer automatische Münzschlucker, wie zum Beispiel die große eiserne Bruthenne, die nach dem Einwurf eines Zehnerls zu gackern anfing und ein richtiges Blechei legte, das mit Liebesperlen gefüllt war. Und an einem Guatl-Automaten konnten finanzkräftige Vorstadtbamsen gleich gar ein Schachterl mit Veilchenpastillen herauswerfen, die beim Lutschen die Zunge so lila färbten wie die eines Chow-Chow-Hundes.

Wie der alte Großstadtbummler dann in die Marktgegend hinüberkommt, denkt er auch daran, daß hier ganz in der Nähe einmal die Kronfleischküche war. Ein Schmankerlkeller, in dem es Brotzeiten gab, die heute fast kein Mensch mehr kennt. So das saure »Krös«, die »Kuttelfleck«, ein Tellergericht für ärmere Konsumenten, oder gebackenes Euter, von Witzbolden auch »Kuhbusen« genannt. Außerdem einen herrlichen, würzigen Ochsenmaulsalat, hausgemacht und von Lästermäulern »Stadtrats-Lippen« betitelt. Damals hießen auch die Roten Rüben auf den Speisenkarten noch »Ranen«, und man schrieb noch »Gröste«. In der Omelette-Suppe schwamm ein geschnittener Pfannenkuchen, das »deutsche Beefsteak« kannte jeder nur als »Fleischpflanzerl« und das Rotkraut als »Blaukraut«.

Die Großmutter erzählte ihren Enkelkindern, die sie um einen »Zwoaring für Guatl« anbettelten und dann mit Pfefferminzkugeln oder dem strapazierfähigen Bärendreck zurückkamen, daß sie selber noch in ihrer Jugend richtiges Süßholz gekaut hatte. So wie die Kinder heute den Kaugummi aus Amerika im Munde herumjonglieren. Und diese Märchengroßmutter konnte auch noch Fingernudeln machen, die sie »Drahdiwix-Pfeiferl« taufte. Oder eine »Grimmiteigsuppe«, von der der alte Münchner als Bub immer geglaubt hatte, sie wäre aus besonders »grimmigem« Teig gemacht, bis er später als Abc-Schütze dann draufkam, daß dieses Gericht eigentlich »geriebene Teigsuppe« heißt. Noch einmal läuft ihm das Wasser im Munde zusammen, wenn er an die »aufgschmalzne Brotsuppn«, an die Brennsuppe oder an die selber gemachten breiten Nudeln in der Milch denkt, die daheim zum Küchenzettel gehörten. Und im Sommer hatte die Oma immer im Speisekammerl draußen eine »Gstöckelte« in braunen, irdenen Weidlingen aufgestellt.
Sicher, so überlegt der sinnierende Wiederkäuer, gäbe es noch viele andere, verschwundene Magentratzerl und Gaumenkitzler zu erwähnen. Doch ist seine Erinnerung allmählich müde geworden, und das kam wohl von dem langen Weg, den sie zurückgelegt hatte. Aber weil es vom Alten Peter gerade zwölf Uhr läutet, denkt er nur noch rasch an die Weißwürste, die ja heute längst dauerhaft gemacht, mit einer blechernen Haut überzogen und bis nach Hinterindien verschickt werden. Da schüttelt der Wanderer ins Vorgestern lächelnd seinen etwas verbrauchten Kopf. Weil er daran denken muß, wie der Moser Sepp vor mehr als hundert Jahren diese bayerischen Bananen entdeckte, von denen es hieß, sie dürften nimmermehr das Zwölfuhrläuten hören. Und er brabbelt den etwas abgeänderten Märchenspruch vor sich hin: »O Sepp, wenn du wüßtest, das Herz im Leib möcht' dir zerspringen.«

Bikini-Zeit

In der Badeabteilung des großen Kaufhauses geht es in diesen Tagen zu wie bei der Einkleidung einer Kompanie Froschmänner. Auf Dutzenden von Wühltischen liegen die Ganzteiligen und die Bikinis herum. Wie auf der Insel Sylt. Doch seltsam, je weniger an so einem Kaltwasser-Anzug dran ist, um so mehr kostet er. Einige sind darunter, die sind fast so teuer wie eine vierzehntägige Badereise nach Zoppot vor fünfzig Jahren. Das sind ausgerechnet die, die überhaupt nur aus ein paar großen Löchern bestehen, die außen herum ein bißchen eingesäumt wurden. Und klein zusammengelegt hat so ein Keuschheitsfutteral bestimmt in einer Puderdose Platz.

Ach, was war das doch einst für ein tiefstes Mittelalter, wo ein Büstenhalter auf einer Wäscheleine ein ganzes Hinterhaus rebellisch machen konnte. Heute halten sich die Mädchen und Madamen die Kunstfaser-Fruchtschalen in den Kaufhäusern ungeniert vor ihre Oberweite hin. Und sie gleichen damit jenen russischen Bauernmädchen, die solche Textiltütchen einst von den deutschen Landsern gegen ein paar Eier eintauschten. Weil sie sich aber infolge ihres strammen natürlichen Wachstums nicht genau über den Verwendungszweck im klaren waren, banden sie sich die eingehandelten BHs einfach lächelnd über ihre wattierten Sonntagsjacken.

Es hat den Anschein, als würden in dieser Saison bloß jene Badeanzüge kreiert, die, genaugenommen, nur aus dem Preisetikett bestehen. Dafür sind sichtlich die Farben so aufregend, daß sie bei jedem, der öfter als zweimal hinschaut, sofort eine Bindehautentzündung hervorrufen. Veilchenblau in Himbeereis gespült und Vergißmeinnicht in Milch gekocht sind noch die bescheidensten Tönungen. Manche schocken mit dem giftigen Lila von Chow-Chow-Hundezungen. Und andere tragen Spiralen, Wahnsinnskreise und optische Effekte, von welchen die Augen des Betrachters Wasserblasen bekommen. Zahlreiche raffinierte Ver-

schlüsse, Spangen, Schließen und Ringe geben dem Unkundigen obendrein beim Anziehen ebenso viele Rätsel auf wie das Aufklappen eines Liegestuhls.

Und das wühlt und zerrt und vergleicht und schätzt ab. Junge knochige Kleidergalgen krabbeln mit ringbestückten Popart-Fingern in den Angebotskisten und -kasten herum. Schwere Endvierzigerinnen, die durch regelmäßigen Tortengenuß bereits Fundamente bekommen haben wie das Hauptgebäude der Städtischen Sparkasse, und barocke Mütterlein, auf welche der Kinderreim so gut paßt: »Oben spitz und unten breit, durch und durch voll Süßigkeit«, wühlen vergebens im Twensortiment. Und einige wuchtige Walküren haben sich bestimmt verlaufen, sie könnten höchstens von der Säcklerei einer Kunstmühle bedient werden. Oder vielleicht sollten sie es doch einmal in einem Sporthaus versuchen mit jenen Windsäcken, die beim Segelflug auf langen Stangen aufgezogen werden. Und nicht immer gelingt es deshalb auch den Verkäuferinnen, das Lächeln ganz zu unterdrücken, wenn so eine bombige Lady versucht, ihre Reize in ein Oberteil zu zwängen, das aber mindestens so groß sein müßte wie die Mündungskappen von einem schweren Schiffsgeschütz. Manchmal sieht das direkt aus, als würde jemand versuchen, einen Eisberg in eine Waffeltüte abzufüllen.

Andererseits haben es natürlich auch die superschlanken Spargelmädchen nicht leicht, ein wirklich passendes Freizeitkleid zu finden. Denn in der Minizeit trägt man auch nur ein Minimum von dem, was man früher unter weiblichen Reizen verstand. So haben denn heute manche Jet-Set-Schönen tatsächlich nur mehr einen Busen, der nicht viel größer ist, als wenn eine Maus eine Faust macht. Und darum tun sie sich auch in der reichhaltigen Bademodenschau schwer, etwas zu ergattern. Eigentlich müßten sie zum Optiker gehen, um sich ein Paar Haftschalen zu kaufen.

Der Weg ins Grüne

Eigentlich müßte doch der Weg ins Grüne mit Fröhlichkeit, Frohsinn und Freude gepflastert sein. Aber die Straßen vom staubigen Zementdschungel und den Hohlblockhöhlen der Stadt, hinaus zum idyllischen Fleckerl, das man irgendwo noch entdeckt hat, sind zuerst einmal mit Tausenden von Markierungsnägeln verziert. Von der Peripherie an aber dann mit Verwünschungen bedeckt. Später mit herrenlosen Radkappen eingesäumt und, wenn's durch die schönen Wälder geht, schließlich mit flachgewalztem Kleinvieh, überfahrenen Hasen und Igeln verschönt.
Meistens beginnt die Misere für den Sonntagsfahrer schon gleich bei den mechanischen Lichtsignalen an der Stadtgrenze, die von irgendeinem Roboter bedient werden, dem wahrscheinlich das Zahnradgehirn zum letztenmal von Edison persönlich geölt wurde. Denn plötzlich leuchtet an diesem vierteiligen Behelfsmast die Zahl »70« auf. Aber darunter auch sofort der schlichte Hinweis »schneller«. Preisfrage: Was ist wohl schneller als siebzig km? Einundsiebzigtausendeinhundertsiebzig oder eintausendsiebenhundert km? Der humorvolle Gasolinverbraucher denkt bei dieser geistreichen Blinkerei womöglich an jene Witzblattzeichnung, auf welcher ein gemütlich dahinstrampelnder Radler abgebildet ist, der plötzlich ein rotes Schild mit der Überschrift »50 km« entdeckt und darum als folgsamer Untertan sofort zu kurbeln beginnt, daß er die Pedale verliert.
Und dann kommt der Ausflügler an die berühmte Kreuzung an der ersten Ausfall-Ortschaft. Und während man doch bisher brav auf der Grünen Welle dahinschwimmen konnte, leuchtet zur Abwechslung jetzt einmal ein strenges rotes Auge auf. Daraufhin stauen sich die anrollenden Automobile bis zur tschechischen Grenze an. Und was geschieht nun auf der Kreuzung selbst? Da stolziert zuerst einmal ein völlig bedienter Dorfgockel, der gerade vom Eierstempeln auf dem nahen Misthaufen kommt, über diese Klagen-Furt. Nachher vielleicht auch noch ein Besoffener,

den man in der Wirtschaft »Zum schrägen Hieb« mit einem Stuhlbein frisiert hat und der nun zum Dorfbader zum Verbinden muß. Und zum Schluß wird die Schleuse auch noch von drei Kilometer bayerischem Wald passiert, der aber nicht einmal weißblau angestrichen ist.

In dieser Wartepause hat dann der zähneknirschende Autler wenigstens reichlich Zeit, die Nummernschilder seiner Leidensgenossen zu studieren. Und weil doch sein Unterkiefer voller Bosheit ist, übersetzt er die wehrlosen Buchstaben FFB in den hämischen Satz: Fährst fort, Bauer, deutet das Zeichen EBE in den Slogan um: Esel bleibt Esel. Und würde sich trotzdem sehr wundern, wenn sein eigenes M schließlich von den anderen als Anfangsbuchstabe des Rindviecher-Alphabets mit Muh übersetzt wird. Gegen den schönen blauen Ausflugssee zu wird dann die Fahrbahn noch etwas gemütlicher. Zuerst schleppt ein pfauchender Wimmerschinken – wie die Dampfbarkasse eines Hafenlotsen den Ozeanriesen – einen ungeheuren Wohnwagen hinter sich her. Dieses rollende Familiengefängnis verdirbt dem Nachfahrer nicht nur die Aussicht von der Maas bis an die Memel, sondern auch den schäbigen Rest seiner guten Laune. Bis das Gespann schließlich doch noch in eine Waldschneise einbiegt und einen Drachenschwanz voll schmutziger Wünsche hinter sich nachschleppt.

Gleich anschließend aber ist es ein Langholzfuhrwerk, welches das Überholungsherz höher schlagen läßt. Der Bulldog selbst, der die geschlachteten Weichholzriesen zieht, wird vermutlich mit dem getrockneten Ohrenschmalz alter Zuchthammel betrieben. Wenigstens riecht es genauso aus dem Auspuff. Und nach zehn Minuten Nasen- und Nervenpein überlegt der Schiebedach-Chauffeur, ob er sich nicht freiwillig auf den riesigen Zahnstocher aufspießen lassen sollte, nach Schaschlik-Art. Plötzlich, auf der Höhe irgendeines Militärflughafens, beginnt es auch noch so gräßlich zu heulen, als hätte der liebe Gott erneut den schuftigen Erzengel Luzifer hinausgeworfen. Und zu guter Letzt überholt den Cabriolet-Kavalier auch noch ein Konvoi von Bundeswehr-

Amphibien-Wagen. Die den Auspuff haargenau so hoch tragen, daß ihn der zivile Verkehrsteilnehmer mühelos in den Mund nehmen könnte.

Wäre es da nunmehr verwunderlich, wenn sich mancher Ozonhungrige bei der Vorstellung des bevorstehenden Heimweges überlegt, ob er sich nicht besser auf dem untersten Tannenast seines geliebten Wochenendfleckerls einfach das verpfuschte Lenkradlleben nehmen soll? Leider jedoch wird ihm das gar nicht möglich sein. Denn endlich am Ziel seiner Wünsche, der winzigen, streng geheimen Insel des Friedens, angelangt, muß er feststellen, daß dieselbe bereits von seinem besten Freund, dem er sie in einer Anwandlung von Bewußtseinsspaltung verraten hat, voll besetzt ist. Und mit entblößten gelben Augenzähnen wird ihm dieser Halunke ausgerechnet auch noch seinen Leib- und Lieblingsspruch zurufen: »Ja ja, wer zuerst kommt, der mahlt halt zuerst.«

Am Rheumatismus-See

Draußen im Voralpenland, mitten im geheimnisvollen Moor, über dem nachts gespenstische Lichtlein schweben, so wie über den Häuptern der Aposteln auf den Pfingstbildern, liegt der idyllische, dunkelhäutige Waldweiher, der Rheumatismus-See.
Einst wurde er nur ganz selten von gitarrespielenden Wandervögeln oder von uralten Schwammerlweiberln in seiner Verträumtheit gestört. Und im Herbst kam vielleicht auch noch die Kräuterfrau bei ihm vorbei und schnitt aus dem wispernden Schilf die samtenen Moorkolben heraus, die aussehen wie antiquarische Ladestöcke für Mörser. Auch das flockige Wollgras nahm sie mit für die kommenden Allerseelentage. Und ein Körberl voll Moos für die Gräber. Öfters zog auch ein Fischreiher lautlos seine Kreise über dem vergessenen Teich und hielt Ausschau nach dem schiefmäuligen Gevatter Hecht oder nach ein paar dummen, dösenden Brachsen. Doch sonst brachte niemand Unruhe in diese Märchen-Lagune, auf deren Grund ganz gewiß der Froschkönig hauste.
Bis plötzlich jemand von der Wunderkraft dieses Moorweihers erzählte, und wie schnell der weiche, milde Schlamm an den Ufern den bösen Onkel Rheumatismus und die Tante Gicht aus den Gliedern vertreiben würde. Da änderte sich das versponnene Bild gar bald. Ischias- und Hexenschuß-Inhaber, leidende Zipperlein-Brüder und Bandscheiben-Vettern kamen zu vielen Hunderten. Und selbst die viermotorigen Bremsengeschwader, die sofort von allen Stützpunkten des Oberlandes starteten und sich laut schmatzend auf die Eindringlinge stürzten, konnten die gewaltige Invasion nicht bremsen. In wenigen Wochen hatten die Wehdam-Hunnen, zum Dank dafür, daß ihnen die guten Wasser Linderung verschafften, die Gegend mit weggeworfenen Limonadenflaschen, silbernen Kaaspapierln, den Trauerstreifen ihrer Kodakfilme, vergessenen Socken, Plattfußeinlagen, Streichwursthäuten und ausrangierten Autoreifen gar lustig belegt.

Und an schönen Sonntagen liegen jetzt viele Hunderte von schwitzenden und schlafenden Menschen am Gestade. Direkt zum Aussuchen, wie in einem Auslieferungslager des lieben Gottes, sind sie in Reihen ausgerichtet. Als würden sie nur darauf warten, daß der Herr selbst vorbeikäme und zu ihnen sagte: »Der ist fertig und der auch.« Und sie mit seinem göttlichen Zeigefinger in den Bauch stupft, woher doch bekanntlich auch das menschliche Nabelgrübchen stammt. Statt dessen aber kommt meistens nur irgendein Gemeindediener, der in einem Dialekt, der an gerissene Vorderzähne und verschluckte Heuschrecken erinnert, eine saftige Kurgebühr von ihnen eintreibt. Die meisten der Heilungheischenden und Sonnesuchenden haben sich wegen der Insektenplage auch noch mit Essenzen eingerieben, die beim Warmwerden so ähnlich riechen wie ein alter Tippelbruder aus seinen Schnürstiefeln. Und auch an den jungen Bäumchen in den nahen Schonungen, die infolge erschreckend geringer Botanikkenntnisse von den vielen Badegästen für ein einziges WC gehalten werden, hinterlassen die rabiaten Kurgäste ihre Spuren. Fast alle halbwegs erwachsenen Tannenbäume und Fichten haben in Augenhöhe deutliche Strangulationsmerkmale, als wäre ein teuflischer Lustmörder durch den Wald geschlichen. Dabei rühren diese Würgemale doch lediglich von dem halben Hundert Hängematten her, die gar emsig zwischen den ächzenden Stämmen schaukeln.

In einer kleinen Bucht des Seeleins befindet sich die stark frequentierte Suhl-Ecke. Dort wühlen immer zahlreiche Gestalten im Schlamm herum, wie die Wildsäue im Spessart. Manche tragen auch regelrechte Baaz-Duelle nach Art einer Schneeballschlacht aus. Nur, daß die Bälle halt schwarz sind, als wären sie alle todtraurig, weil sie der guten Mutter Erde aus dem Schoß gerissen wurden. Ein paar besonders gierige Hexenschuß-Apostel tragen auch das Moormus schön gleichmäßig auf die Haut auf und legen sich dann zum Trocknen hin. Der eingedörrte Schlamm aber läßt sich nachher weder mit Benzin noch mit grobem Glaspapier entfernen. Höchstens vielleicht noch mit einer

Spargelschälmaschine oder einem Preßluftbohrer. So kann sich die mißhandelte Natur auch ein kleines bißchen an ihren Quälgeistern rächen.

Abends aber, wenn die Frösche im Schilf allmählich die Noten für das Nachtkonzert verteilen, wird es endlich still am kleinen Waldsee. Und wenn dann die milde Tante Dunkelheit mit ihren sanften Fingern die Gegend geglättet hat, ist es fast wieder so märchenschön wie einst an den Ufern des träumenden Teiches. Und dann hüpfen im seichten Wasser viele, viele blitzende Fischlein vor Freude am wiedergewonnenen Frieden fröhlich durcheinander. Und das schaut fast so aus, als hätte die müde Eisverkäuferin eine ganze Schürze voll kleiner Silberlöffel zum Abspülen ins Wasser geworfen.

Gruß aus der Zeltstadt

Von allen Naturaposteln, Grasfressern, Nackedeis, Luftschnappern, Sandalenlatschern und Waldläufern sind die Campinesier nicht nur die zahlreichsten, sondern auch die hartnäckigsten. Für sie hat Hilton völlig umsonst gelebt. Ihre Vorbilder sind der Hunnenkönig Attila und die edle Rothaut Winnetou. Doch weil sich diese Chemiefaser-Nomaden fast genau so fleißig vermehren wie die Asiaten, geht der ursprüngliche Sinn des Zigeunerlebens allmählich völlig verloren. Es ist nämlich anzunehmen, daß der Erfinder des Zeltes, der Kaukasier Wigwamowitsch, diese ambulanten Eigenheime deshalb erdachte, um in den ganz besonders einsamen oder idyllischen Fleckchen mit sich, seiner Natascha, dem lieben Gott und der Genossin Natur allein zu sein. Die Tante Entwicklung aber sagte nein zu dieser romantischen Vorstellung. Denn auf so einem Campingplatz kann wohl in unserer Zeit von Beschaulichkeit und Ruhe keine Rede mehr sein.

Nicht nur, daß die gummierten Bungalows so eng aneinander kleben, daß dem lieben Nachbarn kein noch so zaghaftes Knurren aus Darmstadt, kein Kosewort und kein Sockenduft verloren geht, auf diesen Ischiaswiesen ist auch von der erhofften Freiheit keine Spur mehr zu finden. Denn schon am Eingang der Zeltplätze empfängt den Gast eine riesige Verbotstafel, an welcher ein halbamtlicher Moses haargenau die zwölf Campinggebote detailliert notiert hat. Demnach ist außer der Entrichtung des Platzgeldes, dem Jagen der Mückenschwärme und dem Einebnen der Maulwurfshügel nichts mehr erlaubt. Dabei kostet so ein komfortabler Wandervogelschuppen heute schon beinahe soviel, daß der Besitzer mit seiner Sippe ein volles Jahr lang für den Kaufpreis an der Riviera im ersten Hotel übernachten könnte.

Außer der Finanzierung der einhundertvierunddreißigteiligen Zeltausrüstung ist natürlich auch das Lagerleben selbst noch ganz besonders lustig. Da gibt es zum Frühstück bei einem zünftigen Zeltbürger zuerst einmal drei tiefe Züge Morgenluft und

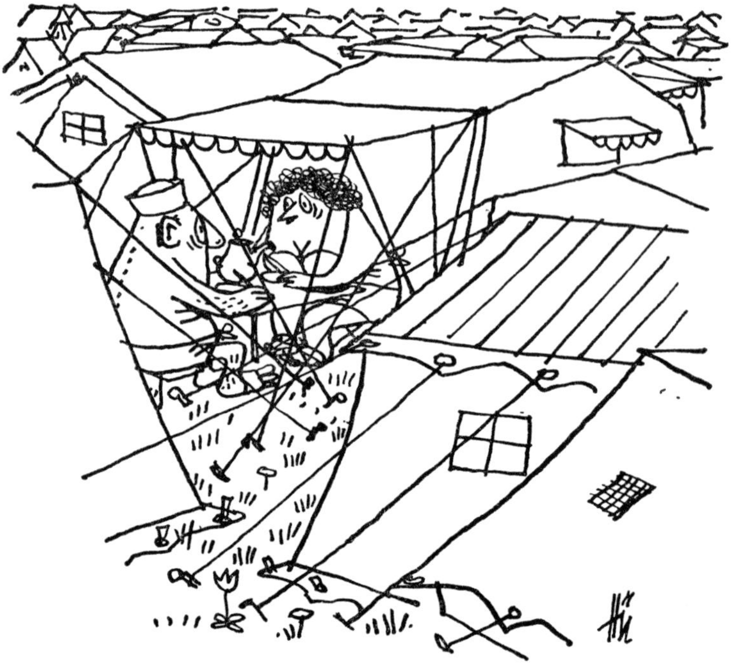

etwas »Gigantenspeise« aus der Tube. Dann beginnt gewöhnlich das gegenseitige Absuchen nach Graszecken und Sandflöhen. Sind diese Partisanen beseitigt und zerschmettert, so geht es ans Aussaugen der Wundmale und anschließendes Einpinseln mit linderndem Jod. Nach einer solchen Behandlung sieht eine Campingfamilie fast immer aus, als wäre sie von den schwarzen Blattern heimgesucht worden. Ganz besonders korrekte Zeltler machen am frühen Vormittag auch bereits Jogaübungen, oder sie treiben den neuesten, sanft idiotischen Modesport und spielen mit einem Rad zwischen den Vorderfüßen Schubkarren. Bei den indischen Kasteiungen kommt es leider manchmal vor, daß sich der Amateurfakir, wenn er auf dem Scheitel steht, etwas verschluckt und bei dem anschließenden Hustenanfall seine ganze Behausung einreißt.

Mittags wird in einem Patentgeschirr mit vierundfünfzig verschiedenen Verwendungsmöglichkeiten eine würfelförmige Suppe gekocht und aus graugrünem Pulver die Nachspeise. Lustig jedoch wird das Wanderleben erst dann, wenn der Regen an die straff gespannte Nordwand der Rheumatismusscheunen prasselt. Dann kann sich der Gast, sofern er der Unbill der Natur und dem Schlamm auf den Lagerwegen erfolgreich trotzt, eine wunderschöne Lektüre aus der Gemeinschaftsbibliothek holen. Vielleicht den zweiten Band von dem Kolossalwerk »Die Gewinnung der Sisalfaser im dunklen Mittelfranken« oder den lüstern anmutenden Roman »Die gefährliche Nonne«. Der sich allerdings dann lediglich als Leitfaden für die Schädlungsbekämpfung herausstellt.

Meint es der Planet aber gut, so darf sich der Zeltler auch den Horden von Bremsen, die mit gierigem Saugrüssel auf den Ästen der nahen Bäume lauern, selbst zum Fraße vorwerfen. Dem allzu sonnenhungrigen Robinson kann es dabei allerdings geschehen, daß ihn die viermotorigen Brummer so aussaugen, daß er schließlich infolge des hohen Blutverlustes gerade noch mühsam auf den Augenbrauen die nächste Sanitätsstation erreicht.

Selbstverständlich sind auch Besuche der Stadt mit ihren Kulturgütern zu empfehlen. Zu diesem Zweck kleidet sich ein richtiger Naturmensch in die gefürchteten Bermudashorts und stellt sich in Pfarrer-Kneipp-Sandalen hinein, welche bei einem ausgesprochenen Wanderer manchmal die Größe eines Nudelbretts erreichen.

Besondere Wonnen jedoch erwarten den Zeltler, wenn sich der Abend über »Gallensteins Lager« herniedersenkt. Dann geht durch die ganze Siedlung ein begeistertes Händepatschen, als hätte der Karajan gerade ein Konzert beendet. Es handelt sich aber leider nicht um Beifall, sondern nur um die Exekution der unschuldig singenden Schnaken. Was etwa bis Mitternacht andauert. Für den Rest der Dunkelheit beginnt anschließend ein pausenloses Wälzen, weil sich die Schlafgäste den Unebenheiten des Bodens anzupassen versuchen. Leider haben die Gemeindeverwaltungen den Gebrauchswert dieser lebendigen Nudelwalker noch immer nicht ganz begriffen. Sonst würden sie vorwiegend auf jenem Gelände, auf welchem Flugzeug-Rollfelder und Autobahnen entstehen sollen, ihre Campingplätze abstecken. Denn in einer einzigen Saison wäre dann das benötigte Brachfeld bestimmt durch das Rollieren der ruhelosen Ruhenden einwandfrei und kostenlos planiert.

Heimkehr vom Hang

»Auf Gleis 28 läuft in wenigen Minuten der Sonderzug ein«, sagt eine unsichtbare Dame aus der eisernen Flüstertüte im Starnberger Bahnhof. Etwa zweihundert Mütter, Tanten, Kindermädchen, Bräute und zwei Sanitäter stehen am Bahnsteig und warten auf den Knieschwamm-Rapido, der die Anhänger des weißen Wahns wieder zurückbringt an den heimischen Herd und den vertrauten Busen. Langsam rollt er endlich heran, der Schwartling-Expreß. Vorn dran sind fünf Waggons mit Butzelware. Freudig reißen die winzigen Alpinisten hinter den Scheiben ihre Milchzahnmäulchen auf, und der hagere Bahnarbeiter, der gleich nachher mit einem nassen Schrubber über die Fenster fährt, schaut aus, als wollte er den grinsenden Gnomen die Zähne putzen. Dann sprudeln die Wintersport-Wichte aus dem pauschalen Pullman heraus wie Selterswasser aus einer warmen Flasche. Und die Angehörigen öffnen die Wintermäntel, die mitgebrachten Thermosflaschen und ihre strapazierten Herzen, um ihre Lieblinge an die gut gepolsterte Brust zu nehmen. Die meisten der Schnee-Säuglinge haben ganz wie die Alten ihre ledernen Trittlinge schon aufgeschnürt und kommen so schleppend daher wie fußkranke Flöhe. Ein besonders lustiger Langlauf-Lauser haut seine kleinen Gleitschienen aus Chemiefaser sofort der strahlenden Oma ausgerechnet um jenen Mund, von welchem sich die gute Haut die Ausrüstung für den vielgeliebten Enkel abgespart hat. Jetzt wird das Zwergenvolk aussortiert. »Irmiii«, tönt es wie das Heulen eines gefangenen sibirischen Wolfes über die Geleise. »Muschilein, da is dei Wuggi-Babba.« Eine junge Mami nimmt die winzigen geröteten Griffel ihres Herzibobberls zum Anwärmen so tief in den weit geöffneten Mund, als wollte sie die gefrorenen Fingerlein abbeißen. Im Hintergrund schwingt ein mächtiger Mann eine riesige weiße Fahne, auf der lediglich in großen Buchstaben »Huber« draufsteht. Dem Zaungast ist es zwar klar, daß es sich dabei um das Familienbanner handelt, unter dem sich nach und nach elf Figuren von diesem Clan versammeln. Aber er meint halt, »Huber« allein ist ein bißchen wenig. Wenn wenigstens »FC Huber« draufstehen würde. Eine Dame mit New Yorker Gesicht und blütenweißen langen Fingerhandschuhen sprüht sofort ihrem Sprößling ein Antibazillenspray über Gesicht und Hände. So, als wäre der Mini-Max nicht gerade von der »Lyra«-Abfahrt gekommen, sondern von einer Leprastation. Und weiter vorne ertönt als Erkennungssignal ein grelles Trillerpfeiferl wie das Kommando: »Antreten zum Busserlfassen.« Besorgt tasten die Erwachsenen nicht nur die vielen zarten Knöchelchen der kleinen Schleppliftschelme ab, sondern auch die Liliputrucksakkerl und die Hüfttaschen. Und siehe da, die mitgegebenen Orangen haben die braven Kleinen durch viele Purzelbäume tatsächlich in »Hohes C« verwandelt und die Äpfelchen zu köstlichem Kompott. Und dann nahen die ausgewachsenen Pistenhunnen aus den hinteren Wagen. Schon beim Aussteigen gibt es da ein Geschepper und Geklirre, wie es sicher nur noch in der Waffenkammer der Nibelungen zu hören war, als der Attila kam. Vermischt mit zünftigen Aussprüchen und Hinweisen: »Sie, san S' so guad und dean S' Eahnane Schi aus dieser Dame nehma. De Dame is nämlich meine Braut.« Oder: »Gell, wenn Sie Ehanane Schischtecka suacha, de san in meine Ohrwaschl.« Dann schlurfen sie den Bahnsteig entlang und singen dazu »Bergvagabunden sind wir«. Genau so sehen sie auch aus.

Alle haben sie ihre vierteiligen Schlafzimmer für Frostbeulen bereits weit geöffnet, und die Schuhbandenden, die sie hinten nachschleifen, verlieren sich irgendwo im fernen Sudelfeld. Zwei tragen den Arm in der Schlinge, und einer hinkt daher wie ein Zweitakter, bei dem die Zündkerze aussetzt. Ein anderer hat nur einen einzigen Ski geschultert. Der Beobachter stellt sich mühelos vor, wie sich der andere beim Anschnallen der raffinierten Sicherheitsbindung plötzlich selbständig machte und nach längerer Irrfahrt wie ein Lufttorpedo das reichbemalte Fenster einer ehrwürdigen Dorfkirche durchschlug, um anschließend ausgerechnet im Wandbild des heiligen Sebastian zu landen, der

sowieso schon von oben bis unten durchbohrt ist. Die Damen tragen vielfach Hosen mit weißen Generalstreifen, wie der Feldmarschall Unschuld. Sie hoffen heftig, daß sie bald aus diesen Todsünden-Futteralen herausgeheiratet werden.
Langsam leert sich schließlich der Perron wieder. Im allerletzten Wagen allerdings sucht eine schon etwas verblühte Schneerose nach irgendeinem Zettel auf dem Boden herum. Vier ganze Urlaubstage hatte sie gebucht. Und bereits am ersten Tag verlor sie dann ihr Herz. Am zweiten das Gleichgewicht, am dritten ihre Tugend und jetzt auch noch die Adresse dieses Herrn. So phantasiert wenigstens der stille Zuschauer in dieser Situation. Da kommt aber doch tatsächlich noch ein später Schigolo den Bahnsteig entlanggeschlichen und steuert auf eine Dame zu, die ihn am Ausgang mit bösen kleinen Steckkontakt-Augen erwartet. Der Schlimme hat sich anscheinend irgendwo ganz hinten von seinem frisch eroberten Skihaserl verabschiedet. Wenigstens prangt ein signalrotes Lippenstift-Brandmal auf der rechten Wange. Das entdeckt die zürnende Abholerin natürlich sofort. Und ohne weiteres Verhör erklärt sie dem schuldbewußten Spätheimkehrer rigoros: »Bloß daß d'as woaßt, mit deine Wintafreidn is ab sofort aus. Und de Schi wern heit no vabrennt.« Es nützt auch nichts mehr, daß der zerknirschte Sünder ganz leise noch zu bedenken gibt: »Aba Oide, de konn ma doch net vabrenna, i hob ja Metallski.« Weil nämlich der langhaarige Racheengel sofort schlagfertig darauf erwidert: »Sooo, aus Metall san s'. Guad, nacha wern s' hoid eigschmolzn.«

Fahre, fahre, Zug

Der alte gebückte Mann ist nicht sehr glücklich, als er auf der schwarzen Tafel des Bahnsteigs vierzehn liest: »D 28, aus Richtung Verona kommend, hat voraussichtlich dreißig Minuten Verspätung.« Und seine Emmi, die er vom Kuraufenthalt in Abano abholen soll, wird wahrscheinlich auch schon öfter auf ihre ovale Armbanduhr geschaut und dann ein bißchen mit dem Kopf gewackelt haben, weil sie doch weiß, daß ihm das Stehen gar nicht mehr leicht fällt.

Zuerst überlegt der stille Warter, ob er nicht doch in die Bahnhofsrestauration gehen soll, aber auf einmal kommt irgendeine kleine Fröhlichkeit über ihn. Das mag vielleicht die altmodische Vororts-Lokomotive ausmachen, die auf dem letzten Gleis asthmatisch vor sich hin pafft. Denn sie erinnert ihn an das Kinderspiel, das ihm immer eines der liebsten war. Und ganz leise brabbelt der alte Mann jetzt vor sich hin: »Fahre, fahre, Zug – der letzte muß alles bezahlen.« Dann denkt er auch wieder an den verschlafenen Lokalbahnhof, an das rote Sandsteingebäude, das heute noch steht und ausschaut wie eine übriggebliebene Kulisse aus einem Westernfilm. Einmal, das weiß er noch ganz genau, war dort das Abfahrtssignal kaputt gegangen, und die Frau Stationsvorsteher gab mit einer großen Pfanne und einem Schöpflöffel das Gongzeichen. Später stellte sich dann heraus, daß lediglich in dem Räderwerk der Signalglocke ein Vogelpärchen genistet hatte, und die Frau Vorstand brachte es nicht übers Herz, die junge Brut zu verjagen. Auch erinnern ihn die Rauchstöße, die aus dem Kamin der Lokomotive kommen und eigentlich verdaute Kilometer sind, an den Obstler Isemann, der dem Rauchclub »Vesuv« angehörte und die schönsten Ringerl im ganzen Viertel blasen konnte. Wenn sie dann in der Luft schwebten, stieß er mit seinem zerschundenen Zeigefinger genau in die Mitte des Rauchkreises, ohne daß dieser zerstört wurde.

»Achtung, Achtung, der Schnellzug aus Emden über Köln,

Frankfurt, Stuttgart fährt in wenigen Minuten auf Gleis zwölf ein.« Der unsichtbare Ansager, der diese Nachricht durchs Mikrophon gibt, röchelt noch ein bißchen nach. Und der Rest seiner Meldung prallt als Widerhall von Bahnhofswand zu Bahnhofswand. Unter den Aussteigenden fällt dem Beobachter gleich ein Mann auf, dessen Eierkopf ausschaut wie eine riesige Seifenblase, die in die Zugluft gekommen ist. Auch eine nordische Reisegesellschaft zwängt sich aus dem Personenwagen. Die Männer tragen alle seltsame Wanderstäbe bei sich, die mit vielen Plaketten benagelt sind. Hinter ihnen trottet ein alter, ausgeschlachteter Vagabund den Bahnsteig entlang, setzt sich auf den schmierigen Randstein hin und legt seinen Hut mit der Öffnung nach oben neben sich. Nachher holt er einen abgebrochenen Kamm aus der Tasche, zieht ein Stück Papier darüber und spielt auf dieser Handwerksburschen-Flöte das Lied »Lustig ist das Zigeunerleben«. Außer den verirrten Strahlen der Nachmittagssonne fällt aber in seinen aufgestellten Filz nichts Blinkendes hinein. Als ein Beamter im Blaukittel naht, sucht der Mann das an diesem Platz ganz besonders preiswerte Weite.

»Fahre, fahre, Zug – der letzte muß alles bezahlen.« Sieben Mark und achtzig Pfennig wird der gute Onkel auf Bahnsteig sieben noch schnell los für Zeitungen, Obst und Schokolade, die er dem abreisenden Besuch durch das Fenster hineinreicht. Verlegen schaut daneben der Verliebte auf den Boden, ob er dort vielleicht noch ein paar Worte finden kann, denn er selber hat schon alles gesagt. Die Liebste wird so rot wie das Haltesignal, das weiter vorne erglüht, als ihr der Galan einen Abschiedskuß gibt und dabei vom Mund etwas abrutscht und das junge Ohr trifft. Dann setzt sich der rußige Rapido langsam in Bewegung. Und auf einmal ist der Zug weg, als wäre er nie da gewesen. Zurück bleiben drei Coca-Cola-Kapseln, zwei Schienen und eine rasch verdunstende mittelgroße Träne.

Und der alte Mann geht zum D 28, der gerade einläuft.

Fliegende Menschen

Heiser räuspert sich eine ehrwürdige Flugmaschine der Landepiste zu. Man sagt, sie sei schon so müde und alt, daß die Passagiere zweiter Klasse mittreten müßten, wenn es über einen Berg geht. Dann setzt die dicke Wolkentante auf, macht noch ein bißchen hepp und plepp mit den lahmen Propellern, und schließlich spuckt sie ein halbes Dutzend lebensmüder Passagiere auf den Zement. Die Zöllner erzählen sich, daß dieser Donnervogel der ganze Stolz eines kleinen arabischen Landes sei. Aber beim letzten Besuch in München habe man leider vergessen gehabt, im Heimatflughafen die Klappen der Gepäckräume unten zu schließen. So daß die paar Habseligkeiten der Reisenden weit über die Schluchten des Balkans verstreut wurden. Wo sie nicht einmal mehr der pfiffige Effendi Kara ben Nemsi finden würde.

Zwanzig Meter neben dem grauen Luftveteranen verabschiedet ein Reiseleiter gerade eine Ferien-Fuhre nach Mallorca. Er wischt sich den leichten Profitschweiß von der Stirne und fächelt dann winkend mit dem Taschentuch hinter der verfrachteten Erholungs-Kommune her. Es sieht fast aus, als hätte er ein heimliches Kreuzzeichen gemacht. Dann addiert er noch einmal unhörbar in den röhrenden Start-Taifun hinein. Vierundzwanzig mal fünf Mark fünfzig. Das macht zusammen einhundertzweiunddreißig Mark. Und als der jaulende Vogel schon halb im Äther verschwindet, zieht er noch rasch einen langen weißen Kondensstreifen hinter sich her. Als wollte er bestätigen: Strich darunter, die Rechnung stimmt.

Behutsam senkt ein anderer Düsenriese die Leichtmetallschnauze, als wollte er schnuppern, ob es unter ihm auch wirklich nach Riem riecht. Vom Himmel hoch, da kommt er her. Und das muß wohl stimmen. Denn es entsteigen seinem mächtigen Siebengeißlein-Bauch gezählte vierundzwanzig Figuren in schneeweißen Erzengelhemden. Es ist wahrscheinlich der Häuptling Zimbrabimba mit seinem weiblichen Mitternachtsgeschwa-

der. Die Damen tragen alle dicke Spiralfedern an den Unterarmen. So wie sie beim Aufrichten des west-östlichen Diwans Verwendung fanden. Am Ende hatten die Ebenholz-Ladys sogar dieses strapazierte Möbel aus Eifersucht selber zerlegt und dann aufgeteilt. Rasch ersteht der Harem-Herodes am Touristen-Bazar noch zweiundzwanzig schwer verchromte Handtaschenhalter, die er dann trotz der beigefügten eindeutigen Gebrauchsanweisung seinen Lieblingsfrauen einzeln ans rechte Ohrläppchen klemmt. Und dann geht es mit einem anderen Ozon-Omnibus auch schon wieder weiter. Möglicherweise nach Bonn, wo man dem Herren über zwei Dutzend Unterröcke als Entwicklungshilfe vielleicht zweitausend handgestrickte Pulswärmer anbieten wird.

Etwas später trudelt ein Touristen-Mutterschiff aus Glasgow ein, mit dem Ziel Athen, wie eine unsichtbare Kommandeuse über die Lautsprecher ansagt. Wahrscheinlich handelt es sich dabei um den Betriebsausflug einer Kartonagenfabrik. Wegen der vielen alten Schachteln, die jedoch mit lauter bunten Bändern wie kostbare Bonbonnieren verschnürt sind. Gekonnt schaufeln die Damen in wenigen Minuten drei Tabletts voller Holländer Kirschkuchen in sich hinein und spülen mit schwarzem Kaffee reichlich nach. Beim Weiterflug hängt ihr Himmels-Saurier deshalb ganz deutlich nach links, wo die Ladys alle sitzen.

Und im Luftbahnhof selbst schwirren Touristen und Travellers rat- und hilflos um die Boden-Stewardessen herum. Meistens kleine, mollige Lustraketen, die sich zwar noch nie höher als auf einen Barhocker in die Luft erhoben haben, aber unter ihren Blüschen immerhin mehr Wind besitzen, als eine zweimotorige Turbo-Prop-Maschine mit ihren Strahltriebwerken erzeugen kann. An den Theken und auf den Barhockern rekeln sich indes gelangweilt die Air-Bus-Bübchen. Ein ganz neuer Typ von Edel-Strizzis. Sie warten in beharrlichem Aberglauben auf reiche Salpeter-Witwen aus Chile, denen sie gerne die Stadt und auch noch persönliche Kleinigkeiten zeigen möchten.
Der im Propellerwind ergraute Abfertigungsbeamte an der Gangway lächelt zu dem allen nur. Er schmunzelt über das winzige Filmsternchen, das von einer wuchtigen Blaskapelle abgeholt wird, über die Witwe Eigenschink, die im Preisausschreiben einen Europaflug gewann, und auch über die zwei ratlosen amerikanischen Kinder, die ein Schild mit der Aufschrift um den Hals tragen: »To Munich, Hotel Bayerischer Hof, please help us.« Auch jene James-Bond-Gestalten mit ihren schwarzen Geheimdienst-Koffern und den düsteren Mienen können ihn kaum aufregen. Und immer wieder amüsiert sich dieser Mensch noch über die einfallsreichen Slogans, mit welchen die verschiedenen Luftfahrtgesellschaften für ihre Linien werben. Zum Beispiel jene dänische, die lakonisch behauptet: »Bei uns ist noch niemand oben geblieben.« Oder die Engländer mit ihrem Hinweis: »Schnell am Ziel mit der angelsächsischen Allround-Association. Auch der liebe Gott ist ein Brite.«
Am meisten gefällt ihm jener Reim, den er sich selbst auf gewisse Chartermaschinen gemacht hat. Und der lautet: »Benutzen Sie unsere zuverlässige Direktverbindung München – Chicago. Start in Riem, Verspätung in London, Gepäck in New York und Landung in Kuba.«

Erstklassige Regenwürmer

An Tagen, wenn Sankt Petrus den mißratenen Erdbewohnern riesige nasse Wolkenfetzen wie Putzlumpen um die Ohren haut und wenn hunderttausend Engel graue Tränen über die unglückselige Menschheit weinen – da lassen dann viele Kreaturen den Kopf, die Ohren und die Unterlippen hängen. Nur eine Gattung der sogenannten niedrigen Geschöpfe jubiliert, wenn auch lautlos, vor sich hin. Die Regenwürmer nämlich. Und sie schwänzeln und ringeln sich, kommen zu Tausenden aus ihren Löchern, brechen immer wieder in begeisterte Bravorufe aus und stellen fest: »Was für ein herrliches Ausflugswetter!« Ganze Safaris ziehen dann über die Kieswege der Anlagen, über schmale Wiesenpfade und manchmal leider auch in ihrem Übermut übers Großstadtpflaster und die Asphaltstraßen, wo sie still und ergeben irgendwo ihre winzigen Wurmseelchen aushauchen.
Nun gibt es bei solchen Massenausflügen aber auch immer andere Wesen, die nur auf so was warten, um ihren Vorteil wahrzunehmen. So wie beispielsweise auch bei den großen Lachsanwanderungen schon die Bären und die Feinkostlieferanten am Ufer der betreffenden Flüsse stehen und sich kräftig bedienen, so lauern auch auf den Regenwurm nicht nur Amsel, Drossel, Fink und Star, sondern sogar die Herren der Schöpfung mit kleinen Kübeln, Aluminiumschachteln oder Plastiktüten, um die unbesonnenen Ringelmänner dem alsbaldigen Endzweck zuzuführen. Und auch solchen erfahrenen Wiesen-Nattern, die vielleicht nur die spitzen Rüssel ein wenig aus ihrem dunklen Appartement herausstrecken und dann von Schnäbeln oder mit Daumen und Zeigefinger ergriffen werden, nützt es nur wenig, daß sie in ihrem unverständlichen Dialekt flehen: »Ach, bitteschön, lassen Sie mich doch noch ein einzigesmal aus, ich möchte ja bloß meiner Frau sagen, sie braucht heute mit dem Essen nicht auf mich zu warten.« Denn diese faulen Ausreden sind natürlich den Verbrauchern längst bekannt, und da lächeln die bloß darüber.

Wie begehrt die kleinen blaßbraunen Schwänzlein schon immer waren, das bewies einst in München ein pfiffiger Sport- und Naturfreund, der von dem Geschäft mit den Regenwürmern samt zwei ausgewachsenen Gehilfen gut leben konnte. Es war dies ein Mann namens Ernst Micheli, und sein Auslieferungslager befand sich in einem uralten Wohnhaus in der Westenriederstraße. Die Fischer aus nah und fern kamen zum Ernstl, um bei ihm ihren Bedarf an der schönen, dicken handelsüblichen Ware zu decken. Vier Pfennig kostete das Stück Wurm in der soliden alten Goldwährungszeit. Und an manchen Tagen setzte der Micheli bis zu zweitausend Exemplare ab. Seine Münchner Regenwürmer genossen übrigens einen erstklassigen Ruf auch im Ausland. Weil sie immer frisch waren und das richtige Maß besaßen. Unter den Stammkunden vom Ernstl war sogar ein Kommerzienrat, der mit einem Daimler-Auto und mit einer hochnoblen Braut zum Einkaufen kam. Als er aber dabei einmal die angebotenen Exemplare fachmännisch durch die Finger gleiten ließ, warf ihm seine Verlobte voller Grauen den Ring vor die Füße. Ein Teil der Ausbeute ging regelmäßig per Postversand von der Westenriederstraße nach Paris für die Seine-Fischer, die schon sehnsüchtig darauf warteten. Dieser Export war zollfrei.

Der größte Regenwurm-Freier aber war ein bekannter Münchner Geschäftsmann und Isarfischer. Auch in der geldknappen Zeit kaufte dieser nasse Nimrod bei Micheli jährlich für mindestens fünfzig Mark ein. Mit diesen Ködern fing er dann ein einzigesmal in sechs Jahren einen Weißfisch im Wert von vierzig Pfennig.

In achtzig Minuten um die Welt

Die Uhr im verschlafenen Milchladen der Anna Kampf zeigt auf fünf Minuten nach zwei, als der Lulu Würfel mit dem Hausschlüssel dreimal ans gußeiserne Abflußrohr schlägt und dazu energisch zählt: »Vier, drei, zwei ab.« »Tschsch« macht er dann durch die obere Milchzahnlücke und startet zur Reise um seine kleine Welt. Zu einer Aufklärungsrunde einmal um den Block herum. Schon nach fünfzig Metern bleibt der Lulu stehen. Das alte Eisenbahnerhaus ist abgerissen worden, und ein himmelhoher Block wird gebaut. Er ist schon sechs Stockwerke gewachsen. Und das Kind muß daran denken, wie ihm der Onkel Karl einmal erzählt hat: In Amerika ist ein Wolkenkratzer gebaut worden, der war so hoch, daß ein Maurer, der oben den Hammer hat fallen lassen ... Also, bis der Hammer halt unten angekommen ist, war der Stiel verfault. Nun, ganz glaubt das der Lulu nicht. Halb höchstens.

Jetzt schaut er zu dem Riesenkran hinauf. Ein Mann sitzt drinnen in einem winzigen Häuschen und befehligt das eiserne Untier. Da ein Maul voll Kies, dort einen Happen Bretter oder ein Rohr, eine eiserne Rohsalami. Der Lulu ertappt sich dabei, wie er jedesmal selber den Mund auf- und zumacht. Ob der Kran auch einen Namen hat? »Eisenbeiß« vielleicht? »Sie, bittschön, brauchen S' koane Zigaretten?« schreit er auf einmal zu dem Mann in der Befehlskanzel hinauf. Er hätte sie ihm gerne gebracht, die sechsundsechzig Eisensprossen hoch. Das wäre was. Da fällt ihm ein Sprichwort ein: »Wer im Glashaus sitzt, soll nicht mit Steinen werfen.« Ob der Kranführer das tut? Nur ein einzigesmal möchte der Lulu an den Hebeln sitzen. Aber er würde dann keine Balken greifen. Sondern bloß aus Jux einmal die Hausmeisterin. Ganz zart hinten am Genick. Weil die jedesmal sagt, wenn was los war: »Das kann nur der Würfel-Balg gewesen sein.« Darum würde er diese grantige Minna einmal hochheben und vielleicht eine Zeitlang über den Kamin von ihrem Haus halten. Nein, aus-

lassen würde er sie natürlich nicht. Übrigens will der Lulu jetzt kein Büchsenmacher mehr werden. Sondern Kranführer.
Schnell hebt er noch ein Stückchen Kupferdraht auf, denn einen Draht kann man immer brauchen. Am Obsthändler geht's vorbei. Der hat Spinat ausgestellt. Er schüttelt sich. Aber sagt nichts. Vor dem Versicherungsblock bleibt er kurz stehen und pfeift. Den Siegfriedspfiff. Im vierten Stock schaut blitzschnell der Kopf vom Freund Benedikt heraus, seine Hand winkt ab, und weg ist er wieder. Und der Lulu weiß, daß er Hausarrest hat. Da schaut er eine Weile beim Bierabladen zu. Zwei Pferde sind vor dem Fuhrwerk, und der Bub grüßt freundlich: »Servus, Gaulus Pferdibus.« Das rechte Roß lacht und zeigt die Zähne. Gelb und groß wie bei einem Heurechen. Da reißt es ihn selber. Drei müssen bei ihm heraus, hat der Schularzt gesagt. Den Zettel für daheim hat er verschwinden lassen. Der ist fort. Aber der Schmerz wird wiederkommen.
Rechtsum marsch. Leise vorbei an der Bruderbergerstraße. In dieser Gegend schreibt die alte Krämerin noch in einem blauen Büchlein auf, weil manche Kunden bargeldlos einkaufen. Der Lulu probiert die Knospen von irgendeinem Strauch. Schmeckt nicht schlecht. Den Hund der Witwe Haas hinter dem Zaun bellt er an. Knurrend. Und bückt sich tief. Lange schaut er ihm in die Augen. Aber er kann ihn einfach nicht hypnotisieren. Er streckt ihm die Zunge heraus. Der Schnauzer versteht das. Weiter vorne hängt ein Schild am Zaun »Frisch gestrichen«. Das wird mit fünf Fingern geprüft. Stimmt. Der Preßluftbohrer rattert und rumpelt so schnell, daß der Mann mit dem Zittern kaum nachkommt. Ein anderer Mann stellt ein Zelt auf, hebt einen Kanaldeckel und verschwindet im gähnenden Schacht. Allerlei Vorstellungen kommen über den Lulu. Da drunten könnte man vielleicht bis nach Rom gehen. Und dann einen anderen Deckel aufheben und die Leute einfach beim Fuß packen, wenn sie vorbeigehen. Nichts ist's mit dem Kranführer. Kanalarbeiter wird er. Ganz klar.
Der nächste Haken. Heimwärts geht's wieder. Das Parterrefenster

vom verstorbenen Schneider Münch, von dem die Leute behaupten, er hat seine Kundschaft einfach auf den Tisch gelegt und ist mit einer Kreide außenherum gefahren beim Maßnehmen, ist offen. Der Bub sieht die alte Oma. Über das Bett von der Rosi gebeugt. Die hat es so arg im Hals, daß man schon sagt, sie muß vielleicht sterben. Jetzt macht die Großmutter ein Kreuz. Der Lulu seufzt. Hoffentlich hilft es. Und wenn die Rosi nur ein paarmal schlucken kann darauf. Der Lulu schaut auf die Uhr. Drei Uhr fünfundzwanzig ist es. Er rechnet. Ganze achtzig Minuten hat er also gebraucht. Für den Ausflug um seinen winzigen viereckigen Globus. Haargenau so lange wie ein richtiger Astronaut auch, der die Erde umkreist. Aber ob der wohl dabei auch so viel sieht wie er? Nie im Leben!

Kindergarten-Kinder

»Städtischer Kindergarten« steht auf dem verblaßten Jugendstilbild über einer verschnörkelten Türe im alten dämmrigen Schulhaus. Und auf dem Gemälde tanzen kleine Mädchen mit Borsdorfer Apfelbäckchen und gelben Margarinezöpfen Ringelreihen. Ihre heute ernährungswissenschaftlich völlig undiskutablen Mastköpfchen sind fast so breit wie hoch, und mit den halb offenen Karpfenmäulchen sehen sie alle aus, als würden sie das schöne Lied vom stummen Fisch singen. Drinnen in der großen Stube mit den unmodernen Rundbogenfenstern ist gerade Mittagspause. Und während der Stingelbeck Micherl mit verdrehten Glasschusseraugen nach dem Batzerl Kartoffelbrei auf seiner Nasenspitze schielt und es mit flinker Laubfroschzunge immer wieder abzuschlecken versucht, brabbeln die anderen vierunddreißig Kostgänger mit leisem Singsang ihr Tischgebet herunter: »Lieber Gott, ich will dir sagen – vollgefüllt ist nun mein Magen – und der Teller ist jetzt leer – dafür danke ich dir sehr.«
Nach dieser Vollzugsmeldung geht es in die Garderobe zum Bettzeugfassen. Und dann in Seitenschwumm-Stellung auf die geflochtenen Liegen. Ein paarmal wischen einige von den Gnomen noch die flüchtigen Gedanken weg, die auf ihren Kindergesichtern herumkrabbeln; dann schlafen sie alle.
Das Fräulein, eine schürzenweiße Tankstelle für Geduld und Güte, hat jetzt auch ein wenig Ruhe vor ihrer Kundschaft. Sie schreibt in ein Heft. An den Wänden hängen viele frühe Picassos. Bratenbraune Vögel eines unbekannten Baumusters zum Beispiel. Die ausschauen wie gefiederte Kalbshaxen und im lautlosen Rätselflug eine siebenzackige Sonne mit beleidigtem Chinesengesicht umkreisen. Oder das Gemeinschaftswerk der kleinen Wasserfarben-Surrealisten: ein tresorgroßer Engel mit winzigen Flügelchen, mit denen er nimmermehr wird starten können. Er bewacht eine Kirche, die ihm kaum bis zur Hüfte geht. Aber Kindersünden sind ja auch nicht groß.

Wenn die schlafzerzausten Kegel wieder aufgestellt werden, findet das Make-up statt. Und die hefezöpfige Lorelei Marili kämmt sich mit eigenem Kamme. Der Micherl auch, aber seine Borstei sagt »nein«. Dann ist Freispiel. Jedes Kind darf tun, was es will. Malen, bauen, träumen, schneidern, bilderbüchern, einen Einzelhandel eröffnen, Sprechstunden abhalten oder Puppen tadeln.

Der Dorian ist ein Held der Arbeit. Er hat sich schon drei Holzschiefer eingezogen. Und eigentlich wäre sein Daumen ganz blau. Man sieht es nur nicht so. Denn der Dori ist ein wenig dunkler ausgefallen als die anderen Buben. Er arbeitet seit Wochen an einem Flugzeug. Es ist zweifellos eine aufsehenerregende Konstruktion. Ohne Propeller. Es fliegt schon mit Düsen.

Und den Motor liefert der Erfinder selbst mit seinen Brumm-Lippen. Nebenan spinnt die kleine Susi sanft und leise vor sich hin. Zuerst ist sie ein Osterhase, stellt die Hände-Ohren steif an den Kopf. Hüpft in den Winkel, macht ein Phantasienest und bleibt eine Weile drin sitzen. Als sie jedoch enttäuscht feststellt, daß nachher doch keine farbigen Eier drin liegen, wechselt sie rasch den Beruf. Susi malt auf einem Stück Papier ihren linken Fuß ab und sagt: »Da wern ma aber viel Leder blauchen, liebe Flau Singerl, für so eine gloße Nummer!« Der Vater ist Schuster. Abermals sattelt Susi um. Ein Aquarell entsteht auf DIN A 4. Dreimal muß das Fräulein raten: »Ein Stachelbeerstrauch?« – »Nein.« – »Ein Karussell?« – »Nein, auch nicht.« »Oder ein Ziegenbock?« – »Neieiein. Des is unsere Sonntagstante, wo immer zum Essen kommt. Äällabätsch!« – »Dornröschen, schlafe hundert Jahr, hundert Jahr«, singt die Christl. Der pfiffige Robert hat gesagt, sie müsse das singen und die Hände vor die Augen halten und den Kopf in den Schoß tun. Dann nimmt er ihr sachlich den Struwwelpeter weg. In einer stillen Ecke schüttelt er manchmal mißbilligend den Kopf beim Betrachten der Vierfarben-Schicksale. Manchmal nickt er aber auch mit großer Befriedigung. Das erwachte Dornröschen hat sich schnell mit einer Puppe getröstet und sagt: »Sei bloß nicht immer so wehleidig, sonst kriegst ein paar hinten drauf.« Und »Rohrnudl sind nicht mehr da, iß das Stückerl Brot, und dann denkst dabei an recht was Gutes!« sagt sie auch noch.

Abends kommen die Eltern mit ihren Werktagsgesichtern und holen die Kleinen, die sie zu früher Stunde mit semmelwarmen Bettköpfchen anlieferten, wieder ab. Aber wenn es schön ist und die Kinder sich draußen im spärlich grünen Hof tummeln, wartet der Vater oder die Mutter wohl auch ein wenig allein in der Spielstube. Dann geht die Kindergärtnerin mit extra starkem Geräusch auf die bemalte Tür zu, ehe sie aufmacht. Denn sie weiß schon, was die erwachsenen Leute manchmal tun. Jaja, da sitzen sie auf den lächerlichen Kinderstühlchen und trällern leise vor sich hin: »Dort auf jenem Berge, simserimsimsim.«

Die Zwerge proben den Aufstand

Es gab tatsächlich einmal Zeiten, in welchen der junge Sprößling immer erst die Kleider des älteren Brüderleins auftragen mußte, bevor es »was Neues« gab. Und manchmal steuerte sogar die ganze Verwandtschaft für die Garderobe eines ärmeren Patenkindes bei. Ebenso wie es auch Jahre gegeben haben soll, in welchen das Christkindl regelmäßig das alte Schaukelpferd neu lackiert wieder brachte. Und eine alte Puppe, die der Nikolaus drei Wochen vorher geholt hatte, unter Freudentränen wieder in die minderjährigen Arme genommen wurde. Ging es aber dann wirklich einmal in die Stadt zum Einkaufen, so wurde der Nachwuchs mit der Sachlichkeit, wie sie auf den Kleidungskammern in einer Infanteriekaserne üblich war, und unter dem berühmten Wort »paßt« eingekleidet.

Aber wie sieht das alles heute aus! Zuerst einmal wird der winzige Sir Schnullerkiller oder die Prinzessin Purzelbaum daheim durch entsprechenden Lezithin-Zusatz im Sauerbruch-Kraftfutter in eine günstige Einkaufsstimmung gebracht. Vor dem ausgewählten Baby-Bazar wartet indes schon ein schwer verchromtes Schaukelpferd auf die kühlen, bleichen Spargel. Nach Einwurf von mehreren Geldstücken gelingt es damit den Eltern vielleicht, ihren Thronfolger in ein passendes seelisches Gleichgewicht zu wippen. Selbstverständlich ist der Rhythmus so eines Cavallos von Sigmund Freud haargenau berechnet worden.

In der Maßkonfektions-Abteilung des »Little Gentlemen Shop« nimmt anschließend der jeweilige Elternteil geduldig am Illustrierten-Tischchen Platz, indes der winzige Steiß beginnt, den beflissenen Textilberater auf die Nehmer-Qualitäten seiner Nervenstränge zu testen. Denn was ein echter deutscher Wunderknabe ist, der kennt zwar meistens den Unterschied zwischen Dienstag und Donnerstag nicht so genau, dafür aber jenen von »Homespun« oder »Harris Tweed« um so besser. Ist dann der Liliput-Ausstatter endlich so bedient, daß er nervlich auf den

Augenbrauen läuft, gibt sich Klein-Wulff-Dieter-Eckehard vielleicht zufrieden. Er hat die Wahl seines Blazers mit dem eingewebten Wappen der Nasenbohrer-Dynastie getroffen und sagt zu seinem Paps noch anschließend, mit dem Daumen gönnerhaft auf den ruinierten Verkäufer deutend: »Hallo, Alter, gib dem Buddy ein bißchen Münze.«

Es gibt auch nur mehr sehr wenig Schneewittchen, die unter hundert vorhandenen Kleidchen nicht auf Anhieb das teuerste am Wickel hätten. Wenn dann die Mutter schüchtern einwendet: »Weibilein, das ist aber doch viel zu gelb«, kann sie leicht zur Antwort kriegen: »Mamsi, man soll nicht gelb sagen, wenn man Geld meint. Du hast mir selbst gelernt, daß man immer ehrlich sein muß. Also, liebe Mutsch, bitte, bleib sauber.« Manche von den Liliput-Ladys versuchen auch noch mit der etwas veralteten Methode des Schmollmündchens und Karpfenmäulchens ihre Wünsche durchzudrücken. Daneben aber strampfeln andere wieder einen Eigensinns-Step aufs Ladenparkett wie Fred Astaire in seiner Glanzzeit.

Und da fragt sich mancher rückständige Erzeuger vielleicht ganz bescheiden, wohin denn dieser Aufstand der Zwerge eigentlich führen wird. Wenn in naher Zukunft beispielsweise so ein Nagelbeißer zu Hause seine Schulaufgaben machen sollte und das familieneigene Elektronengehirn versagt, so wird der kleine Missetäter doch bestimmt nicht mehr übers Knie gelegt werden. Sondern die gute Mutter verkocht die dumme Maschine womöglich zu Hirnsuppe mit Zahnrad-Einlage. Und auch der Tag wird sicher nicht mehr allzu ferne sein, an dem der Herr Wichtelmann und das Fräulein Schneewittchen in ihre Spielschürzchen kleine Rückstoßraketen eingebaut bekommen. Wie ein Weltraumfahrer. Damit sie selbst nicht mehr zu laufen brauchen. Sondern auf eine schwerelose Umlaufbahn gebracht werden. Beim Ringelreihenspielen.

Bub im Hof

»Vier Wochen war der Micherl krank, jetzt ißt er wieder, Gott sei Dank.« Und der ernste Doktor Kaltwasser hat ihm sogar erlaubt, daß er zum erstenmal im Hof drunten spielen darf. Nein, noch nicht Fangermandl natürlich oder turnen auf der Stange zum Teppichklopfen. Aber halt so ein bißchen »sumserum-sumsum« machen und luftschnappen. Nun steht der Michael Wenig also wieder in seiner geliebten Hinterhofprärie, die sonst so voller Abenteuer ist. Aber heute weiß er gar nicht recht, was er anfangen soll, weil doch die Gefährten seiner glückhaften Stunden alle in der Schule sind, und allein spielen ist gar nicht so leicht.
Also fährt der Micherl zuerst einmal mit leisem Singsang und einem Steckerl an der grindigen Hausmauer entlang. Halt, jetzt da schau her, der abgesprungene Verputzfleck schaut ja haargenau aus wie der Kapitän vom Fernsehraumschiff Orion. Der Michael hält sich die Nase zu. Ob er sich später auch einmal zum Raumfahrer eignen tät' und ohne Sauerstoff auskommen könnte? Aber nach einiger Zeit hat er lediglich einen roten Kopf und einen feuchten Zeigefinger. Nein, ohne Atemmaske wird's also kaum gehen. Nun bückt er sich und hebt eine leere Tomatenmarkdose auf. Das ist doch ein Mikrophon. Ganz klar. Und drum redet er natürlich auch hinein: »Hier Bordfunker Wenig«, sagt er, »hallo, Orion, bitte kommen.« Es rührt sich aber nichts im All. Da bricht er seine Funkverbindung wieder verdrossen ab. Plötzlich entdeckt er eine kleine seidige Maus vor dem hölzernen Schuppen, wo der Hausmeister seinen Feuerstuhl eingestellt hat, wie sie diesen zweisitzigen Wimmerschinken nennen. Das Mäuschen blickt den Michael starr und entsetzt aus schwarzen Stecknadelaugen an, die ausschauen wie ein Doppelpunkt. Und fort ist es, gerade als der Bub den Spruch hersagen will: »Maus, Maus, komm heraus.« Nachher weiß er gar nimmer recht weiter. Da fällt ihm die alte schwachsinnige Gesangslehrerin vom vierten Stock ein, die ihm jedesmal, wenn sie ihm auf der Treppe begeg-

net, ein Liedchen vorsingt. Eins davon hat er ganz gern. Das Lied von der Abendsonne. Und er trällert es wieder einmal vor sich hin. »Goldene Abendsonne, wie bist du so schön – nie kann ohne Wonne deinen Glanz ich sehn.«
Vom Balkon des dritten Stockes tropft es plötzlich auf den Kopf des minderjährigen Caruso. Er schaut hinauf und sieht eine frisch gewaschene Unterhose vor dem Geländer baumeln. Da droht er mit dem Finger empor und sagt den Märchenspruch auf: »O Falada, der du da hangest, wenn das deine Mutter wüßt'.« Dann merkt er aber, daß das ein glatter Schmarrn ist, und er beginnt lieber mit der Trainingsarbeit für die Olympischen Spiele 1980, an denen er doch als Rechtsaußen bei der deutschen Fußballmannschaft teilnehmen wird. Kieselsteine liegen ja genug herum, und das Tor ist natürlich das vergitterte Fenster von der Waschküche. Es steht in kürzester Zeit schon sieben zu null für die deutschen Farben, da öffnet sich hoch oben im Juchhe das Mansardenfenster des alten Junggesellen Kern, und ein Rest Kartoffelsalat klatscht neben die Aschentonnen hin. Na ja, der betagte Hagestolz hat halt auch schon ein bisserl eine Streuung in seinem Visier. Aber extra die fünf Treppen heruntergehen, das ist ihm viel zu hart.
Indes tut sich die Hoftüre auf, und die Schneeweiß Muschi kommt vom Kindergarten heim. Sie hat einen großen Pfirsich in der Hand, an dem sie mit dem viel zu kleinen Weißfischmäulchen herumzuzzelt. Der Micherl schaut ihr lang interessiert zu und überlegt, von welcher Seite er selber den saftigen Burschen benagen täte. Endlich ist nichts mehr als der Kern übrig, und da fällt dem Micherl was Kluges ein. «Gib ma'n», sagt er zur Muschi, und die tut's. Der Bub macht hinten bei der Hausmeistergarage ein Loch in den weichen Boden und versenkt den Kern. Dann sucht er längere Zeit in seiner viel zu großen Bundlederhose herum und schließlich sagt er zum Schneeweiß-Kind: »Schaug weg.« Ein warmer Regen rieselt bald hernach auf das frische Pfirsichgrab hernieder. Der Micherl sieht im Geiste schon einen Baum mit herrlichen Früchten an dieser Stelle sprießen.

Hüaho, alter Schimmel

Brav hebt das alte Karussellpferd den linken Vorderhuf, als wollte es den Kindern, die es besteigen, vorher noch rasch den Fuß geben wie ein folgsamer Spitz das Pfoterl. An seinem mürben Zaumzeug, das der Besitzer des unmodernen Fahrgeschäftes aus dem Schulranzen seiner eigenen Jugendzeit geschnitten hat, baumelt ein kleines Namensschild. »Susi« steht darauf. Und weil der bleiche Lindenholzmustang doch immer nur im Kreis herumgeht, heißt der stumme Traber vielleicht mit seinem ganzen Namen »Susi Chrysler«.

Einst vor vielen, vielen Jahren, als der friedliche Mann, dem das Ringelspiel gehört, noch mit Kübel und Schauferl hinter den echten Rollfuhr-Gäulen herlief, um die Roßäpfel als begehrten Dünger für den kleinen Heimgarten einzusammeln, wurde das Karussellpferdchen von einem schlichten Bildhauer namens Siebenherz geschnitzt. Das Material stammte von einem der alten schönen Bäume, die energische Menschen auch damals schon abholzten, weil sie irgendeinem Fortschritt im Wege standen. Weil aber das Holz noch nicht ganz trocken war, bekam der stolze Cavallo am Bauch eine lange Narbe, die dann mit Fensterkitt ausgespachtelt wurde. Sie sieht aber trotzdem immer noch aus wie die Wunde vom Siebengeißlein-Wolf. Seit Jahr und Tag hausen im Inneren des Rößleins auch ein paar mürrische Holzwürmer, die man besonders an den Wintertagen in der dunklen Lagerhalle deutlich schmatzen hören kann.

Susi war ursprünglich ein feuriger Rapphengst gewesen, weil sein Erschaffer, der nebenbei auch die Schreinerei betrieb und viele letzte hölzerne Hemden für die stumme Kundschaft zimmerte, immer genug schwarze Farbe besaß. Im Verlauf seines längeren Rundherumlebens wurde das Pferdchen dann auch einmal ein bunter Schecke und später ein leuchtendes Füchslein. Doch als die Zeit kam, wo sich kein anständiger Mensch mehr auf ein braves Pferd setzen wollte, verhalf ihm der Emaillackrest von einem Türstockanstrich zum Schimmelkleid.

Seit Jahrzehnten finden nun die Kinder laut Sprichwort das höchste Glück der Erde auf dem Rücken der Susi. Nachmittags und bei Regen auch zu halben Preisen. Doch manchmal kommen auch ein paar Besoffene und steigen trotz ihrer bierschweren Hintern auf das Karussell. Zwängen sich in den aufseufzenden Schwan und den ausgehöhlten Strauß und schwingen sich natürlich auch auf die Susi. Dann zittert das entsetzte Rößlein bis in die mit Stabeisen verstärkten Fesseln hinab. Dem Schwan zersplittert das Gefieder, der Vogel Strauß steckt seinen langen Staubsaugerhals verstört in den Holzboden, der Treibriemen des Motors raucht weithin, die Herren wiehern vor Vergnügen, und die mechanische Drehorgel spielt zu allem Elend auch noch den längst vergessenen Schlager in den Spätsommerwind: »Hüaho, alter Schimmel, hüaho.«

Gott sei Dank aber hat die brave Rosinante auch andere Kundschaft. Die ihr sogar Türkischen Honig um das rotlackierte Maul schmiert. Mit dicken Puddinghändchen halten sich dann die winzigen Mini-Amazonen an der zerzausten Stirnlocke des geliebten »Ferdileins« fest, und der gute Drehorgelwart macht extra die Steigbügel kürzer, damit die Apfelstrudelbeinchen der Schneewittchen auch ja einen sicheren Halt finden. Die kleinen Asphalt-Cowboys aber flüstern der Susi gleich gar das geheimnisvolle Kosewort Old Shatterhands, das außer ihnen kein Sterblicher kennt, in die Ohren. Doch ein Karussell-Mustang hat halt leider eine Geschwindigkeitsbegrenzung und kann deshalb nicht schneller laufen.

Und eines nahen Tages wird die kuriose Drehscheibe am Rand der großen Sensationsprärie wohl überhaupt nicht mehr da sein. Und die Susi kommt auf vielen Wegen vielleicht in den Vorraum eines hochmodernen Bungalows. Weil der Hausherr selber eine große Sehnsucht nach seiner Jugendzeit hat und auch den gelben Briefkasten seiner Kindheit, die graue gußeiserne Gaslaterne von der Straßenecke und sogar die eigene schmale Schulbank, in welcher er einst die Einmaleinsqualen abwetzte, mit vieler Mühe aufkaufen konnte. Nun hört die Susi aber leider kein Drehorgelgedudel mehr, sondern bloß noch Stereomusik, Cocktail-Gekicher und schwarze Witze. Manchmal klopft ihr auch wohl eine der aufgebrezelten Ladys auf die immer noch strammen Hinterbacken und denkt wehmütig an die eigenen, in strenge Hüftmieder abgefüllten Reize.

Das etwas lebensmüde Schaukelpferd jedoch ist froh, daß die Holzwürmer in ihm so fleißig am Werk sind. Und es hat bloß noch einen kleinen sentimentalen Wunsch. Man möchte nämlich aus seinen wenigen Schweifhaaren dereinst einen Fiedelbogen machen und ihm zum Abschied damit das schöne Lied spielen: »Da oide Schimmi is im Himmi.«

Geliebtes Schundheftl

»Schundheftl«, sagten die harten Erwachsenen oft zu den sanft idiotischen Zehnerl-Romanen früherer Zeiten. Dabei hat diese Sorte Literatur fast seit Erfindung der Druckerschwärze alle Zeiten, viele Klassiker und einige Welterneuerungs-Schwarten mühelos überdauert. Nur, daß heute die kleinen Sorgenbrecher halt von Phantomen, von Supermännern und Fabelgestalten handeln. Während in jener Zeit, als die Phantasie noch zu Fuß ging, Buffalo Bill, der Räuber Rinaldo Rinaldini, Frank Allan, «Der Rächer der Enterbten«, oder der unzerstörbare Sherlock Holmes die minderjährigen Herzen höher schlagen ließen.

Ohne Einspruch des Kultusministeriums durften damals die gleichen Schulartikelgeschäfte, die auch die ernsthaften Lesebücher, den Katechismus und ehrwürdige Schiefertafeln feilboten, die Räuberheftl in ihr Sortiment aufnehmen. Allerdings hatten die Barfußläufer dieser Ära im Gegensatz zu den heutigen wohlbestallten Mini-Abenteurern erst die schwierigsten Finanzierungsprobleme zu lösen, bis sie die zweiundsiebzigste Fortsetzung von der »Eiskalten Hand am Hinterkopf des blinden Bahnwärters« in ihren eigenen dunkelweißen Händchen hielten. Da mußten also erst einmal Radl geputzt, Maikäfer gefangen und an blasse Herrschaftskinder verkauft, Lumpen, Flaschen und Knochen gesammelt oder Zeitungen ausgetragen werden. Und diese Jagd nach dem Zehnerl war manchmal fast noch abenteuerlicher als eine Büffeljagd von Buffalo Bill. Der übrigens in der Jahrhundertwende auf seinen Streifzügen sogar bis nach München kam und im Rahmen einer großen Indianerschau jeden Tag ein Spielkarten-As durchschoß. Nicht durch die Breit-, sondern durch die einen halben Millimeter dünne Schmalseite. Bayernherzog Max, der es ihm gleichtun wollte, traf dabei leider nur dreimal den Spätsommernachmittag.

Bedauerlicherweise hatten nun in jener grauen Vorzeit auch die meisten strengen Älteren keine Meinung von dieser prächtigen

Literatur. Und so sah man dann abends um die Gaslaterne viele junge Nachwuchs-Pfadfinder stehen und den »Wildtöter« lesen. Zusammen mit der Gänsehaut bildete sich dabei fast immer bei jedem dieser Zeilenfresser der unumstößliche Vorsatz, spätestens am nächsten schulfreien Nachmittag endgültig aufzubrechen. Nach »Arizona und Arkansas, wo damals noch der rote Mann saß«.

Daß der gesamte Lehrkörper selbstverständlich gegen die Zweckentfremdung eines sowieso nicht allzu aufnahmefähigen Bubenhirns war, verstand sich am Rande. Trotzdem gehörte in jeden Bildungstornister eines Randstein-Läufers natürlich mindestens ein zerfledderter »Bill Jenkins« oder »Komanchen-Joe«. Zum Täuscheln nämlich. Wobei irgendein pfiffiger Schreinermeister, der in seiner Jugend sicher selbst ein großer Täuschler war, in alle Schulbänke einen Schlitz in das lange Ablagefach gemacht hatte, durch das man den ausgelesenen »Räuber Kneißl« unbemerkt seinem Hintermann zuschieben konnte. Bei der hin und wieder angesetzten Heftl-Razzia jedoch kam es nicht selten vor, daß an die fünfzig zerlesene Schicksale auf dem Katheder des Herrn Lehrer landeten, die dann unter Bewachung des Klassenprimus zum Schul-Offizianten hinuntergetragen wurden, der sie mit grinsendem Gesicht in den gierig danach leckenden Heizungskessel stopfte. Erfreulicherweise gab es aber auch ein paar verständnisvolle Einmaleins-Pauker, die ein Auge zudrückten. Natürlich kam es auch vor, daß der durch eine Frage von seiten des Lehrers unversehens in den Unterricht einbezogene Träumer mit einem überraschten »Uff, uff« antwortete. Oder daß er den harten Tadel, er habe schon wieder nicht aufgepaßt, mit einem ehrlichen »Well, Sir« entschärfte.

Schlimm wurde es jedoch erst, wenn dann die jugendliche Lesewut so weit ausartete, daß ein Hefterl-Narr auch noch während des Heimgehens auf dem Schulweg seinen »Colorado-Bill« nicht losließ. Denn dann konnte es passieren, daß er mit seiner gerunzelten Wellblech-Stirn direkt an eine der gußeisernen Laternen hinrannte, die bei dem wuchtigen Aufprall höhnisch zu kichern begann. Dann blitzte es vor den Augen des winzigen Asphalt-Cowboys fast genauso heftig, als wäre er direkt in die Garbe eines sechsschüssigen Colts hineingelaufen. Und da konnte die besorgte Mama daheim, die den entstehenden Ast auf dem Haupt ihres Sorgenkindes mit der kühlen Breitseite eines Tafelmessers zurückzudrängen versuchte, nur mehr seufzend sagen: »Siehgst, Buwi, das ist der Fluch vom bösen Buch.«

Der Sieger von morgen

Jedesmal, wenn der Mann von sechzig durch den Englischen Garten wandert, bleibt er an dem schönen großen Schulsportplatz beim Eisbach stehen und schaut eine Zeitlang den Siegern von morgen zu. Wie sie laufen und hüpfen und all die neckischen Spielchen betreiben, die der wackere Papa Jahn so sehr empfohlen hat. Lächelnd denkt der ältere Herr dann auch an jene Zeit, als noch jeder seiner Spezl irgendeinem großen Vorbild der damaligen Sportära nacheiferte und auch dessen Namen für sich beanspruchte.

Da war beispielsweise der Hausierer-Lulli, der immer das schöne Lied sang: »I bin a Schtemma aus Obergiasing – i schtemm an Wirsching mit oana Hand.« Und das tat er dann auch immer, wenn sein Vater auf der grünen Hinterhof-Rikscha Weißkraut oder andere Kohlköpfe spazieren fuhr. Deshalb hieß er selbstverständlich nach dem seinerzeitigen Münchner Olympiasieger im Beidarmig-Drücken auch »der Straßberger«. Ein anderer wiederum war der Torwart Zamorra, und der Käsbach Dori, weil ihm der Hausmeister vergeblich wegen eines eingeschossenen Kellerfensters nachgelaufen war, nannte sich von da an ganz selbstverständlich »Nurmi«. Amüsiert schaut der schmunzelnde Wandersmann jetzt dem Fünfzigmeter-Rennen zu, das der Herr Lehrer, der natürlich nur mit den Augen mitläuft, gerade arrangiert hat. Schon am Start scheiden sich dabei wieder einmal die Temperamente und Charaktere. Da ist einer dabei, dem hängt die schwarze Turnhose völlig teilnahmslos wie eine Trauerfahne auf halbmast weit über die Knie herunter. Es ist ihm auch völlig wurscht, als ihm der Turnlehrer nachher eröffnet, er sei 18,5 gelaufen. Denn dieser Phlegmatiker sagt sich wahrscheinlich ganz zu Recht: »Eine tadellose Zeit. Zum Milchholen reicht's leicht.« Ein kleiner molliger Nudelbampfer zockelt zufrieden grinsend über die Bahn. Er gibt sicher einmal einen guten Beamten ab. Und das Lehrerpopperl, das die Stoppuhr halten darf und immer recht

hat, läßt heute schon lieber die anderen für sich laufen. Er wird später einmal Schiedsrichter. Ein anderer hat vielleicht einmal irgendwas von dem sagenhaften Tschechen Zatopek gehört. Denn er läßt auf der ganzen Strecke die Zunge heraushängen, als müßte er ein riesiges Briefkuvert abschlecken. Also tauglich fürs Büro. Während der Klassendümmste scheinbar überhaupt nicht weiß, um was es eigentlich geht. Von dem sagen seine Schulkameraden jetzt schon: »Der kriegt einmal den ersten Preis im Tausendmeter-Blödschauen.«
Nebenan übt eine kleine Schar mit einem Bambusstangerl Speer-

werfen. Das sind wohl die jungen Minus-Athleten vom FC Milchreis. Vorsichtig prüft der zwinkernde Turnwart vorher die Oberarmmuskeln seiner zukünftigen Zehnkämpfer. Sie sind blaß und nachgiebig wie frisch gerollter Apfelstrudel. Stark darf der Herr Trainer deshalb auch nicht hindrücken, sonst geht vielleicht die Dulle nicht mehr heraus. Bei jedem Wurf aber hat der Betrachter die grausame Vorstellung, es könnte den übereifrigen Rekordjägern womöglich die dünnen Weißwurstärmchen ausreißen, und dann würden die statt der Lanze durch die Gegend fliegen.
Ganz am Rande der friedlichen Wettkampfpampa aber sitzt ein junges Mütterlein im Gras und schaut voller Stolz zu, wie sich auch bereits ihr krähender Windelnässer vorolympisch betätigt und verunglückte Purzelbäume schlägt. Vielleicht träumt diese deutsche Mama auch schon ein bißchen davon, daß der kleine Schnullerchampion einmal ein Sieger im Zeichen der fünf Ringe werden könnte. Vorerst allerdings hat er nur einen einzigen aufzuweisen. Und den trägt er hinten. Vom Haferlsitzen.

Eis macht die Liebe heiß

Der Sportsfreund steht an der Barriere des großen Kunsteisstadions beim Fernsehturm. Und er wundert sich nicht nur über die Schnelligkeit der Eisflitzer, sondern auch wieder einmal über die Schnelligkeit der Zeit. Wie war das doch in seiner Kniehosen-Ära mit dem Schlittschuhlaufen? Endlich hatte das Christkindl die längst gewünschten Schlittschuhe gebracht. Sie hatten hinten zum Anschrauben eine Flügelmutter, wie man sie bei alten Küchenuhren zum Aufziehen findet, und ein stählernes Gebiß, das sich tief ins Leder der zweckentfremdeten Kommunionstiefel bohrte und ausschließlich von den Absätzen solcher Schuhe lebte. Und weil sich die garantiert bei der dritten Spitzkehre sanft vom übrigen Boxcalf-Futteral lösten, hatten die jungen Kameraden damals meistens auch einen Schulatlas oder ähnliche Isolierungsmittel im Hosenboden. Denn mit dem Absatz in der Hand kam man seinerzeit nicht durchs ganze Land, wie das Sprichwort sagt, sondern mit Gewißheit aufs väterliche Knie oder über den Küchenhocker.

Ferner gehörten zur Ausrüstung eines zukünftigen Maier-Labergo, wie damals der größte Star auf dem kalten Parkett hieß, auch noch eine Beißzange und ein Trumm Schnur. Wenn alle Stricke rissen. Auch gab es natürlich nirgendwo so ein gepflegtes sibirisches Linoleum wie heute auf den täglich gespritzten und gehobelten Kunsteisbahnen. Sondern da ging's halt im Zockelschritt über das mit einer gewalzten Schneerinde glasierte Kopfsteinpflaster. Bis dann unversehens ein Pferdeknödel auf dem Wege lag und man darüber zu Fall kam. Doch was tat's schon! Wenn ein Gassenbub stürzt, ist doch bekanntlich immer der Schutzengel vom Dienst in der Nähe. Und der schiebt dann schnell seinen Heiligenschein zwischen den Lausbuben und das harte Pflaster.

Hingegen der heutige Betrieb auf so einer zahmen Feierabend-Tundra! Schon die jüngsten Spargel, die einen Schlittschuh noch kaum von einem Handschuh unterscheiden können, tragen weiße, pelzgefütterte Saffian-Stiefelettchen mit schwedischem Silberstahl unten dran, die fast den halben Wochenlohn eines Fliesenlegers kosten. Hallo, und erst die Boys! Wenn sie mit wetzenden Scherenschritten über das Eis huschen, so daß ihre Arme fast den Boden streifen, erinnern sie den Betrachter immer wieder an die gefrorene Wäsche in seinem Hinterhof, bei der die erstarrten Ärmel ebenso gespenstisch im Winde schwankten. Zum Wiehern des Tonbandgerätes tanzen sie dann einen seltsamen Kommunarden-Tango oder sie benützen die alten Gesundheitsfahrer als willkommene Slalomstangen wie die Abfahrtsläufer am Hahnenkamm. Beim Bremsen schließlich schaben sie ihrer augenblicklichen Dauerschraube eine schöne Portion Geriebenes vor die steilen Beine.

Seltsam, muß sich der Sportsfreund denken, was mögen doch diese blutjungen, halbzarten Rautendelein schon für eine Menge Temperatur unter ihren knospenden Pullovern haben, denn sie lutschen auf dem Kunsteis auch noch ein Speiseeis. »Eis, Eis macht die Liebe heiß«, sagt ein junger Galan und bremst wie ein Rallyefahrer vor seiner Auserwählten. Er hat diesen Spruch damals in Rimini gehört, als er mit seinen Eltern wegen der vier Zweier, die er im Zeugnis hatte, mit in den Urlaub fahren durfte. Und wenn die kleine Fanny ein wenig an ihrem süßen Seim genagt hat, dann schiebt sie ihrem Galan genau jene Stelle des kleinen Vanillehügels in den mürrischen bartflaumigen Mund, an dem sie gerade mit ihrer kleinen Zunge herumwetzte. Ein Busserl auf Umwegen sozusagen.

Beschaulich hingegen ist es beim Abendlauf. Gemächlich hoppeln da auch ein paar bemooste Böcke über die gefrorene Prärie. Ein gut abgelagertes Fräulein gleitet vor ihnen her. Und man schleift nach. Doch die betagten Herren, die manchmal mit ihren dünnen spätgotischen Beinen von hinten ein bißchen an die uralte Toreinfahrt von Rothenburg ob der Tauber erinnern, knarzen halt beim Übersetzen schon recht bedenklich in den Gelenken. Auch der Hofrat Geiger ist da und fährt einen streng wissen-

schaftlichen Gesundheitsstil mit Schlittschuhen, die sich vorne noch ringeln wie das verchromte Schwänzlein eines Ferkels. Die Hände hat er dabei hinten auf dem Rücken, und somit erinnert er entfernt an ein Denkmal oder einen Oberlehrer. Ein anderer Hagestolz versucht immer wieder, den Stern von Jopa, wie die junge Eisprinzessin in der Mitte der Bahn allgemein genannt wird, nachzuahmen. Doch wenn er sein Bein hebt, so sieht das weit eher aus, als ob ein verhärmter Polarwolf im ewigen Eis endlich ein Bedürfnis-Bäumchen gefunden hat. Und in der Altherrenecke probiert ein pensionierter Oberlehrer immer wieder, ob es ihm nicht gelingt, den Anfangsbuchstaben seiner Jugendliebe Melanie in das weiche Eis zu ritzen. Und auf einmal liegt er dann auch schon da, und sein Hosenboden saugt sich ausgiebig in den kleinen Wasserlachen voll.
Da schaut er sich empört um, ob ihm nicht vielleicht jemand den Fuß gelegt hat. Der Zuschauer aber denkt sich, der Dumme weiß ja nicht, daß ihm schon die ganze Zeit seine selige Emma von hoch oben her zugeschaut hat. Und als ihr das Gekritzel endlich zu dumm wurde, zog sie ihm einfach die Eisdecke unter den Füßen weg.

Kripperlmarktbericht

Als der Großstadtbummler den Münchner Kripperlmarkt besucht und den Geruch von Magenbrot, Myrten und Morgenland schnuppert, ist seine Nase im Nu wieder zehn Jahre alt. Und gleich beim Würstlbrater am Eingang, der den Vorübergehenden mit seiner Grillzange unter den roten Minusgesichtern herumfuchtelt, als wollte er ihre frierenden Zinken auf den Rost legen, fällt ihm der Froschhammer Ferri wieder ein. Sein ständiger Begleiter aus der Marmeladebrotzeit. Denn mit ihm ging der Spaziergänger nicht nur sechs Jahre lang in die gleiche gräßliche Einmaleinsburg, zum Fliederstehlen und nachher auch zusammen zur Blau Mausi. Sondern jedes Jahr auch pünktlich auf den glitzernden Märchenmarkt der Vorfreude. Und da hatte seinerzeit, als ständiger Vorposten auf der Lamettadult, der Pferdemetzger Hieb seinen Wurstkübel stehen. Die Vorstadt-Trapper schlichen lauernd um sein zahmes Lagerfeuer herum, auf dem ein riesiger schwarzer Hafen stand, in welchem pflastermüde Rollfuhrmustangs, in fingerlange Portionen abgeteilt, melancholisch herumschwammen.

Herr Hieb war an sich ein grundguter Zeitgenosse mit einem gewaltigen Schnurrbart, der ausschaute wie der Schweif eines Haflinger Hengstes, aus dem man mühelos die Fiedelbogen für ein ganzes Streichorchester hätte machen können. Nur wenn man bei dem wackeren Cavallo-Killer auf seinen Beruf anspielte, wurde er kritisch. Und gerade deshalb taten es natürlich die meisten Bürscherl. Sie stellten sich dann in respektvoller Entfernung hin, und wenn Herr Hieb nicht herschaute, begannen sie laut zu wiehern und mit den Schnürstiefelfüßen zu scharren. Bei einer solchen Pantomime wurde der alte Mann stocknarrisch und der Ferri schließlich auch einmal von ihm erwischt. Der fuchsteufelswilde Schimmelschlächter steckte die Sünder jedoch nicht in den heißen sprudelnden Sudhafen, sondern er legte ihnen eine ganz andere Buße auf. Sie bekamen nämlich je eine leicht aufgeplatzte

Pfälzerwurst und mußten damit laut schmatzend und sich den minderjährigen Bauch klopfend zwei Stunden lang reklameessen, damit die reichen Herrschaftsbamsen, die doch alles haben müssen, auch einkaufen würden. Was sie dann angesichts der bampfenden Werbeschlucker auch taten.

Im übrigen war der Froschhammer Ferri nicht nur ein Schlitzohr, sondern auch ein begehrter Ministrant. Der besonders um die Weihnachtszeit auf den Spuren des Kindes wandelte und für seine Weihrauch- und Dominus-vobiscum-Zehnerl außer Bärendreck und heißen Maroni auf dem Christkindlmarkt auch für sein Kripperl daheim fleißig einkaufte. Zum Beispiel einen zwanzig Zentimeter langen Kiesweg mit einer Kurve oder einen halben Meter grauen Watterauch. Und einmal, da sollte er für das Schulzimmerkripperl jenes Stroh besorgen, auf welches dann das frierende Kindlein gelegt würde. Der Herr Kaplan hatte ihm jedoch gesagt, da dürfe er nur Strohhalme bringen, die er sich durch eine gute Tat verdient hätte. Für jedes gefällige Werk einen Halm.

Da begann der Ferri, nach längerem Nachdenken, alte Leute über die Straße zu führen, ob sie wollten oder nicht. Sie mußten einfach rüber. Trotzdem bekam er schließlich nur fünf Halme zusammen. Als dann der damalige Schüler meinte, daraus könne er doch unmöglich ein Bettchen machen, erwiderte sein begabter Spezl: »Ja, du bist doch der Allerdümmste! Da nimm i doch fünf Strohhalm, an jedn mit oan Meter Läng, und schneid s' einfach kloa zamm, nacha liegt's schee woach, 's Kinderl.« Leider wurde dem Ferri selbst kein weicher Platz beschieden, sondern ein steinharter. Im Kaukasus, wo er unter eine gesprengte Brücke zu liegen kam.

Und dann bummelt der Tritschler halt wieder einmal durch das kleine Glimmer-Glitzer-Paradies. Vorbei an den Standln mit den Zwetschgenmanndln und dem Kletzenbrot. Jener Adventspeise, die manchem Verbraucher sicher so schwer im Magen liegt wie ein Vaterschaftsprozeß. Und mit den vielen, vielen Lebkuchen, mit denen man fast die ganze Sahara pflastern könnte. Die Beth-

lehem-Statisten in den zahlreichen Figurenständen sind hart umringt von großen und kleinen Interessenten. Dreihundert heilige Dreikönige schauen stur nach links, obwohl ein kleiner Bub unbedingt einen Balthasar mit rechter Blickwendung bräuchte. Und Simba, dem König der Wüste, hängt eine lange rote Zunge heraus, als hätte er nebenan von dem Hustenonkel seinen herrlichen Malzguatln genascht. Ein Herr im Lodenmantel mißt ein Kamel mit dem Meterstab nach und dann einen Esel. Schließlich erklärt er der alten Standlfrau, die selber wie eine biblische Erscheinung wirkt: »Naa, der is ja um d'Hälfte z'kloa, der schaugt ja neba meim handgschnitztn Josef direkt aus wia a Dackl.«
Auf einmal beginnt irgendwo eine Spieluhr mit lächerlich dünner Stimme zu leiern: «Es ist ein Reis entsprungen.» Und da erinnert sich der stille Träumer schmunzelnd, daß sein bissiger, königstreuer Onkel zu dieser Melodie immer den selbsterfundenen Text unterlegte: »Es ist ein Preiß zersprungen.«
Nachher macht der Bummler auch noch einen kleinen Besuch bei dem wunderschönen Kripperl am Bunker, direkt unter dem geschweiften Glühlampenstern. Alles will dort Anteil nehmen an dem Wunder. Hasenfell-Hirten eilen mit Zentimeterschritten herbei.
Ein winziger Libanon-Schnauzl beißt ganz kleine Löcher in den kalten Nachmittag, Und Allgäuer Kühe, indische Elefanten, bayerische Oberlandler, maurische Sklaven und afrikanische Palmen stehen in demütiger Hartfasergeduld um das Mirakel herum. Direkt vor dem Stall aber freuen sich zwei alte Münchner Ansichtskarten-Bierdimpfl über das Panorama ihrer Kindheit, und der eine stellt seinem Dreiquartel-Spezl eine komische Frage: »Woaßt du aa, warum d'heilige Maria gar so traurig auf ihran kloana Buam obischaugt?« Und wie sein Dämmerschoppenkamerad darauf den Kopf schüttelt, erwidert er kichernd: »So, des woaßt du net. Nacha muaß i da's hoid sogn. Sie häd nämlich vui liaba a Maderl ghabt!»

Drei Freunde

Der Mann weiß es noch ganz genau. Vierundsiebzig Kinder wohnten in jenem Armeleute-Silo, in dem er aufwuchs. Und sieben davon kennt er heute noch. Die anderen sind gegangen mit dem Wind. Verzogen, ausgewandert, gestorben, verdorben. Und von seiner Schulklasse, die sechsunddreißig Wasserscheitel zählte, leben noch sechs. Sechs von sechsunddreißig. Wie seltsam. So heißt doch auch ein bekanntes Lotteriespiel. Vielleicht ist auch das Leben so ein ähnlicher Glückshafen. Ob der gute Lehrer Gerber vor vierzig Jahren wohl erraten hätte, welche sechs das halbe Jahrhundert vollenden würden.

Das waren also die Gefährten seiner Jugend, muß er denken. Und ganze drei davon waren seine wirklichen Freunde. Der erste hieß Michael Seltsam. Eines Tages waren seine Eltern in das riesige Mietshaus zugezogen, und der Micherl mußte sich zum Kampfe stellen, damit die Verhältnisse ein für allemal geklärt waren. Er unterlag durch einen tückischen Griff, den man »Mops« nannte. Von da an war alles sauber geregelt: Wer beim Bäumeklettern als Untermann fungierte, wer auf dem Schulweg, der auf dem Randstein zurückgelegt wurde, die Lokomotive machen mußte — mit dem Schulranzen als Puffer vor der Brust —, und wer von wem abschreiben durfte. Eine lange Bubenseligkeit begann. Aber mit zwölf Jahren sagte der Michael auf einmal zum Freund: »Schau her, ich kann rot spucken, das kann keiner in der ganzen Klasse.« Und er hustete helles Blut in den weißen Schnee. Der spätere Mann gehörte zu den acht damaligen Buben, die dann den kleinen Sarg tragen durften. Der Michael Seltsam wog um diese Zeit nur mehr achtundzwanzig Pfund, als er sein bißchen Leben verbellt hatte. Der Herr Lehrer aber sprach von der bösen, tückischen Tuberkulose, gegen die es nie ein Mittel geben würde.

Dann kam der Scherupp Hansi. Sohn des Bahnbeamten Adolf Scherupp. Der Hansi ließ den Kameraden jedesmal, wenn er kam, von der kalten Milch in ihrer Speisekammer trinken, weil sie doch ein bißchen mehr Geld hatten. Und dann schüttete der Hansi genau bis zum verräterischen Rahmrand Wasser nach. Auch wenn er das Bier holte, bekam der Micherl seinen Schluck. Schüler Scherupp korrigierte die fehlende Menge mit dem Hausschlüssel, mit dem er in der geschändeten Maß umrührte. Sein Vater hatte noch einen Bruder bei der Bahn mit genau demselben Dienstgrad, jedoch mit dem Vornamen Sebastian. Eines Tages kam eine Versetzungsverfügung nach Dresden, und zu spät bemerkte man, daß der Adolf versetzt worden war und nicht der Sebastian, weil der Beamte in der Kartei halt nach dem Alphabet ging, was jeder gute Beamte tut. Und so kam denn der Hansi in eine wildfremde Stadt hinein und dort nach Jahr und Tag auch noch in einen Bombenteppich, so daß der Witwe außer den Pensionsansprüchen nichts mehr von ihren Lieben blieb.

Der dritte Freund im Leben des Mannes war sein bester und letzter. Er schrieb sich Max Malachias Helfgott. Hieß aber nur der Biwi. Die Helfgotts waren eine ganz ungewöhnliche Familie. Denn sie besaßen zu viert nur fünf Augen. Dem Vater war sein Auge auf dem Felde der Ehre ausgelaufen. Die Mutter, mager wie eine Leiter und ebenfalls einäugig, hatte ihn in der Sehschule kennengelernt. Und der Biwi verlor sein linkes Licht bei der Geburt, als ihn die uralte und meistens besoffene Hebamme falsch erwischte. Wenn der junge Malachias den Hausmeister oder sonst jemanden erschrecken wollte, nahm er manchmal sein künstliches Auge heraus und setzte dafür einen großen feuerroten Glasschusser ein. Seine schöne Schwester war die einzige Helfgott mit kompletten Scheinwerfern. An irgendeinem Maientag ging sie dann plötzlich ins Wasser. Wegen eines unehelichen Kindes. Wie sich doch die Zeiten ändern, denkt der Schreiber. Heute gehen junge Mädchen nicht mehr ins Wasser, wenn sie keine Babys wollen. Heute gehen sie in die Apotheke.

Der Biwi war weitaus der härteste Nehmer im ganzen Viertel. Und wenn einer seiner Freunde etwas angestellt hatte, konnte es vorkommen, daß der Schüler Helfgott sich aus reinem Sportsgeist für den wahren Missetäter meldete und sich wortlos überlegen ließ. Der Biwi und der sich heute erinnernde Mann hatten vieles miteinander. Einen gemeinsamen Pfiff, einen gemeinsamen Sonntagsanzug, eine gemeinsame Freundin und einmal sogar ein gemeinsames Anerkennungs-Dokument beim Vormundschaftsgericht.

Dann kam der Krieg, und der Schreiber mußte zum Gehsport-Verein des Ostmark-Napoleons. Kurz vor dem Endsieg aber mußte auch der Biwi noch zu den Helden. Obwohl er bei der Musterung des letzten Aufgebots seinen roten Glasschusser gebrauchte. Zum Abschied pfiff er vor dem Fenster seines Freundes noch einmal das Signal aus ihrer Jugendzeit, und dann fiel er schnell und ohne Aufhebens bei Wien, wo er nie hingewollt hatte. Der Volkssturmführer schrieb: durch Kopfschuß. Aber ein Heimkehrer sagte, der Max Malachias Helfgott sei in einen russischen Flammenwerfer gelaufen, und da konnte ihm überhaupt kein Gott mehr helfen. Er sei zusammengebraten gewesen wie ein vergessener Hefezopf in einem Backrohr.

Seiner mageren Mutter brachte man das Eiserne Kreuz vom Biwi mit, das sie in ihrer Verwirrung zum Anstecken des Schlüsselbundes an ihrer Schürze verwendete, denn sie war Hausmeisterin geworden.

Hauptwachtmeister Wiegetritt

Etwas schmerzlich lächelnd schaut die bleiche Gräfin von der Wand des goldenen Saales im Schloß Haimhausen herab. Aber nicht etwa, weil ihr ein besonders tapferer Besatzungs-Ami ein Neun-Millimeter-Loch ins zarte Biedermeierkleid schoß. Sondern, weil in dem verträumten Raum augenblicklich fünfundvierzig Münchner Polizisten sitzen, die man hier einquartiert hat, damit sie sich mit den Herren Marx und Mao beschäftigen und auch den Unterschied zwischen »Barock«, »Tarock« und »Untarock« möglichst klar erkennen lernen. Denn in dieser neunzackigen Villa befindet sich das Fortbildungsinstitut vom Münchner Obersheriff, der den lobenswerten Ehrgeiz hat, seine Polizisten mindestens so populär zu machen wie die Münchner Weißwürste und die Münchner Erdaufbrüche.

Regelmäßig alle zwei Jahre erhalten deshalb in Haimhausen die blauen Handlanger des rührigen Polizeipräsidenten eine kostenlose Abreibung in Psychologie, Strafrecht und Sprechtechnik für den Umgang mit dem Publikum und sonstigen Spitzbuben. Denn unsere schwarzgelben Polypen sollen über den Handkuß genauso gut Bescheid wissen wie über die Handschellen und über den Sigmund Freud nicht weniger gut informiert sein wie über die Freudenmädchen in ihrem Revier. Und die Verkehrspolizisten werden wohl demnächst nur mehr Gebührenzettel mit einwandfreien Bügelfalten hinter die Scheibenwischer stecken. Während die Kriminaler bei der Vernehmung der Kundschaft schmollend mit dem Zeigefinger drohen und sie sanft tadelnd mit den Worten zurechtweisen werden: »Ja derf ma denn des doa, 's Großmuadderl mit'n Hackerl daschlogn?«

Nun, der Neugierige hat diese Bildungsfarm mit Interesse besichtigt und sich mit den Blaukittelschülern ein bißchen unterhalten. Mit Genugtuung hat er vernommen, daß beispielsweise ein Beamter, wenn er einen Verkehrssünder zur Rede stellt, denselben auf keinen Fall mehr mit der dummen Frage anschnauzen darf:

»Hä, kenna Sie net lesn?« Andererseits scheint aber auch das Lehrfach Toleranz seine Früchte zu tragen. Denn auf die Erkundigung, bis zu welchen Spezialausdrücken und Bezeichnungen ein Münchner Schutzmann stillhalten würde, erwiderten acht von zehn Befragten, den Götz von Berlichingen würden sie notfalls noch hinunterwürgen, wenn sie allein wären. Und auch ein »Rindviech«. Einen »Deppen« oder sogar einen »blöden Hund« täten sie unter gewissen Umständen verdauen, nämlich falls sie solches von einem Bayern geheißen würden. Dagegen waren sich alle einig, daß die Anrede »Nazischwein«, »Gestapohengst« ebenso wie die nordgermanischen Betitelungen »Sie kleener Kakker, Sie«, »Dämlicher Laffe« oder »Trübe Pflaume« auch beim größten Wohlwollen von einem weißblauen Ordnungshüter als Beleidigung empfunden würden und gerichtsmaßig gemacht werden müßten. Jedenfalls hat der Besucher einen prima Eindruck von diesem Bildungsbunker mitgenommen. Gleichzeitig mußte er mit einer späten Gänsehaut aber daran denken, was der Schandi doch in jener Zeit, als er selber noch mit einem Marmeladebrot hinter dem Spritzwagen herlief, für eine unsympathische Gruselerscheinung war.

Sicher ist es wahr, daß damals diese Figuren hauptsächlich aus einer Gegend kamen, wo die Gemeinde so arm war, daß sie ihren Polizisten den Säbel an die Hose hinmalen ließ, und wo die Dorfbäche aus Sparsamkeitsgründen nur ein einziges Ufer hatten. Während die meisten Menschen, die dort hausten, nicht einmal die Uhr kannten. Sondern einen nassen Putzlumpen vors Fenster hingen, und wenn der trocken war, dann war's zwölf Uhr. Dem »Blitzableiter«, wie die Wachtmeister damals wegen ihrer spitzen Helme hießen, mußten meistens auch noch auf Gemeindekosten die Zehennägel geschnitten werden, wenn sie nach München kamen. Weil sie sonst auf dem Straßenpflaster ausgerutscht wären.

Nie wird der Sinnierer den Vorstadtschreck, den Hauptwachtmeister Wiegetritt, vergessen. Unter seiner dunklen Lodenpelerine hauste das chemisch reine Grauen. Wenn er sprach, zitterte sein gewaltiger Schnurrbart, der ausschaute, als hätte sein Besitzer ein Oachkatzl geschnupft und den Schweif nicht mehr hineingebracht. Und wenn er mit seinem Säbel auf die Zinskaserne des damaligen Sprößlings zurasselte, in der achtundvierzig Gassenbuben wohnten, so bieselten bestimmt vierzig davon vorsichtshalber gleich einmal in die Hose. Obwohl meistens keine größeren Delikte als Stachelbeerstehlen oder Kastanienschütteln vorlagen. Schon die kleinsten Windelnässer verstummten allein bei der Nennung seines Namens, und die ärmeren Mütter malten das gefürchtete Bild von Herrn Wiegetritt auf ihre Brotkästen, damit ihnen die hungrigen Bamsen nicht an die Wecken gingen. So kam es dann, daß auch der Autor schon in seiner Frühzeit nicht »Gott und sonst nichts auf der Welt« fürchtete, wie es ein guter Deutscher tun soll, sondern zuerst einmal den Schandi Wiegetritt, dann den »Wuwu« und erst zuletzt eine Lungenentzündung. Wenn aber in einem veralteten Witz erzählt wird, ein Münchner Schutzmann hätte einmal ein gestürztes Pferd zum Protokollaufnehmen von der Pestalozzistraße in die Holzstraße gezogen, weil er Pestalozzi nicht schreiben konnte, so kann es sich bei dieser Amtsperson gewiß um keinen anderen gehandelt haben als um den Hauptwachtmeister Wiegetritt.

Frau sucht Mann

Fleißige und gescheite Leute haben errechnet, daß es in der Bundesrepublik 1 585 217 heiratswillige Frauen zuviel gibt. Das heißt also, daß auf jeden Mann eine und ein Fünftel Frau treffen. Was er allerdings mit dem Fünftel anfangen soll, wird nicht gemeldet. Unter diesen Aspekten ist es verständlich, daß die Jagd nach den Hosenträgern spannend und aufregend wird.
Von der Statistik wurde ferner errechnet, daß jährlich etwa 17 000 000 Mark für Heiratsinserate ausgegeben werden. Die Erfolgsaussichten, auf diesem Wege einen Beiwagen zu finden, beziffern die Gelehrten mit 38 Prozent. Am erfolgversprechendsten sind dabei, was die Hinweise anbelangt (in der Reihenfolge): Geld, Einheirat, äußere Reize, Kameradschaft, häusliche Tugenden und ganz am Schluß die inneren Werte. Ein Schweizer Institut hat sich außerdem mit der Frage befaßt, inwieweit die Kandidatinnen bereit sind, gewisse Zugeständnisse zu machen. Nach einem sogenannten Selectron-Verfahren, bei dem ein mechanisches Gehirn mit den entsprechenden Daten gefüttert wird, lassen die Damen, besonders wenn sie sich bereits in der Torschlußpanik befinden, fast in jedem Fall mit sich reden. Demnach werden Schnarcher, Kahlköpfe, falsche Zähne, große Füße, Sprachfehler, kleinere Gefängnisstrafen und Zeugen der Vergangenheit bis zum Alter von zwölf Jahren noch in Kauf genommen. Die gleiche Maschine hat im übrigen auch die Reihenfolge herausgekriegt, nach der sich die Pärchen kennenlernen. An erster Stelle rangiert hier der Betrieb. Dann kommt das Tanzen vor dem Sport, dem Fasching, Abendkursen und Schulen, und das Schlußlicht bildet die Bekanntschaft auf der Straße.
Nicht berücksichtigt sind allerdings die Heirats- und Ehevermittlungsbüros, die ihrerseits für sich die größten Chancen in Anspruch nehmen. Dies mag manches späte Leberblümchen vielleicht schon gelesen haben. Und darum geht das brave Mädchen Johanna Seidenzahn, das früher leider allzu oft allzu spröde gewe-

sen ist, wohl zuerst einmal zum Ball der einsamen Herzen, um dort vielleicht noch im Saisonschlußverkauf einen wärmenden Inhalt für ihr stilles Kämmerlein zu finden. Aber an dieser Stätte beherrschen die Witwen, die dezent nach Naphthalin und kleiner Rente riechen, das Feld. Und im übrigen besitzen diese Rivalinnen neben ausgedehnten Kenntnissen in der Herstellung von Knöcherlsulz auch noch ein halbes Dutzend solider Anzüge und ein zweites Ehebett aus ihrer jüngsten Vergangenheit und bedeuten somit für ein unerfahrenes Jüngferlein eine schwere Konkurrenz. Die nächste Station führt das Rapunzelchen vielleicht in das Café Torschluß. Aber hier wird ebenfalls kein Neuzugang erwünscht, denn was tatsächlich an diskutablen Männern in dieser Heiratsfalle da ist, reicht nicht einmal für die alteingesessenen Damen.

Also kommt die Johanna schließlich doch nicht auf das richtige Geleise und landet im Heiratsbüro. Zuerst schaut sie die Kataloge durch und läßt sich gegen einen saftigen Zuschlag über alle Details und eventuelle Schadensersatzansprüche informieren. Der Mann, der dann von der rührigen Nachhilfe-Walküre für sie bereitgestellt wird, hat überhaupt nichts vom Thomas Fritsch. Trotzdem kommt es zu einem Rendezvous an der Normaluhr mit Kennzeichen »Margerite im Knopfloch«. Doch als sich die zwei dort aus der Ferne erspähen, sind sie gegenseitig so erschüttert, daß sie ihre Blumen schnell zerrupfen und ohne jede Rauchentwicklung verschwinden.

Jetzt bleibt noch der Zeitungsverkäufer Johann Sebastian Siebengeist, von dem sich das späte Mädchen Johanna regelmäßig die Illustrierten mit dem dicksten Heiratsmarkt kauft. Und dann sitzt sie zu Hause und liest. »Gut aussehende, selbständige Kaufleute, einsachtzig groß, ordnungsliebend und des Alleinseins müde« werden hier in größerer Anzahl angeboten. Und das Hannchen sieht vor ihrem geistigen Auge einen stattlichen, dezent nach Tarr riechenden Hünen, der korrekt und gerecht zu seinen Angestellten ist und abends mit treuen Hundeaugen haargenau in jene Richtung schaut, in der das schmachtende Fräulein

Seidenzahn sitzt. Und wie soll sie auch wissen, daß der Inserent in Wirklichkeit ein gehetzter Staubsaugervertreter ist. Und erst als sie die zweihundertste 40-Pfennig-Marke mit langsam etwas pelzig werdender Zunge abgeleckt hat und insgesamt siebenundfünfzig Charakteraufnahmen nicht mehr zurückbekam, beginnt sie allmählich das Lied der Kapitulation anzustimmen. Und der Olympia-Sieger, den sie immer auf die Tapete projizierte, kriegt die große Schrumpfkrankheit. Weil sie doch selber einsieht, daß er für sie um mindestens drei Nummern zu groß wäre.

So wird denn auch aus dem schmucken Häuschen schließlich eine bescheidene Zweizimmerwohnung, aus dem langen Auto ein Motorroller und aus dem Tarzan ein kleiner, aber braver Schmächtling mit schmaler Fischgrätbrust. Und dann nimmt die Johanna Seidenzahn voll kleinen Glücks und mit einem Triumphgefühl der bescheidensten Handelsklasse den Zeitungshändler Johann Sebastian Siebengeist, denn sie sagt sich natürlich ganz richtig: »Ein Kümmerling in der Hand ist eben doch besser als ein Sieger an der Wand.«

Per Fließband in den Ehestand

In Deutschland gibt es schätzungsweise zehntausend Ehefabriken. »Standesamt« steht über diesen Montagehallen des Schicksals. In denen so vieles seinen Anfang nimmt. Glück und Gram, Freude und Friedlosigkeit, Wonne und Weh. Offenbar kommt das Wort Standesamt vom Stehen. Lästerer behaupten jedoch, es sei nur verstümmelt und käme daher, weil die meisten Menschen ihren Ver-stand dort lassen. Eigentlich sieht die Trauung mehr nach einem Trauerfall aus. Das wird zweifellos auch dadurch zum Ausdruck gebracht, daß alle Beteiligten mit Ausnahme der siegestrunkenen Bräute in schwarzen Trauerhäuten erscheinen. Dazu spielt auch die Musik fast immer todernste Weisen, und im Hintergrund weinen die Mütter, oder auch nur ein paar uralte, wildfremde Weiblein, die täglich, genau wie bei den Beerdigungen, auch an diesen Stätten zum »Anteilnehmen« dabei sind. Gerade kommt so ein kleiner Geleitzug. In der Mitte ein sichtlich erschöpfter junger Mann. Die angejahrte Braut kann trotz ihrer Sonnenbrille den flimmernden Triumph in ihren Augen nur schlecht verbergen. Und auch ihre Verwandtschaft macht erwartungsvoll schmatzende Gesichter. Es ist, als ginge es zu einem Schlachtfest. Nur, daß sie, die hungrigen Mitläufer, die Servietten noch nicht umgeknüpft haben und mit dem Eßbesteck klappern. – Eine neue Runde rollt heran. In einem Kombiwagen. Sie, eine emmentalerblonde Sparbüchse, ist korsettiert und gewikkelt wie ein Rollschinken. Na ja, da wird es auf der Hochzeitsreise wohl größere Augen geben, denkt der Beobachter, wenn der glückliche Besitzer die Schnürl alle durchschneidet. Die Mitgift hat sie auch gleich mitgebracht. Ein herzallerliebstes Buberl. Aus einer früheren Versuchsreihe. Der kleine Prinz trägt die lange weiße Schleppe, und der Zaungast muß denken: Das weiße Hochzeitskleid ist anscheinend die Robe der »Repetier-Bräute« geworden. – Die nächste Nummer. Sie und er können vor Glück kaum laufen. Und man kann es ihm am überglücklichen Gesicht ablesen, was er sich jetzt denkt. Nun gehört ihm alles ganz allein. Die Grübchen, die neckischen, die Ohrwascherl, die zierlichen, die Fußerl, die kleinen, und das Schwiegermutterl, das brave. Dabei hätte er doch nur einen einzigen Blick auf diese Jubiläumsausgabe zu werfen brauchen, um sich auszumalen, was ihm selber einmal bevorsteht.

Am Ausgang des Standesamts aber, dort, wo die Photographen darauf warten, aus dem Unglück ihrer Mitmenschen auch noch Kapital zu schlagen, steht manchmal ein pfiffiger kleiner Spitaler oder Rentenempfänger. Und jedesmal, wenn ein neues Ehepaar vom Fließband kommt, zückt der kleine Abstauber dann ein verwittertes altes Plüschhütchen und wünscht mit einem lächerlichen Kratzfuß: »Alles, alles Gute und recht viel Glück.« Dabei hält er seinen Scheitelschoner so geschickt unter die glückstrahlende Nase der Brautleute, daß es diesen sehr schwer fällt, die Auffangtüte für Kleingeld zu übersehen. Wenn aber der Erfolg trotzdem ausbleibt, so zückt der Berufsgratulant blitzschnell eine Kleiderbürste und fummelt damit am Anzug des frischen Ehemanns herum. Er murmelt dabei irgendwas von dem schlechten Anstrich der Wände, an die der Bräutigam unvorsichtigerweise hingekommen ist. Mit diesem psychologischen Stemmeisen wuchtet er auch den filzigsten Geldbeutel auf.

Nur so setzt er die alte Binsenweisheit wieder einmal in die praktische Tat um: »Es ist kein Schaden so groß, daß nicht auch ein kleiner Nutzen dabei herauskäme.«

Gebrauchtes Glück auf kleinen Rädern

»Wer die Wahl hat, hat die Qual«, heißt ein altes Sprichwort aus den Lesebuchtagen. Jeder Mensch hat seine Erfahrungen damit, denn solang er lebt, wird er immer wieder vor eine Wahl gestellt. Und das nicht nur, ob es um die Frage geht: SPD oder CSU. Und ob er den »Löwen« oder den »Rothosen« seine Sympathie schenken soll. Nein, auch in den winzigsten Dingen spielt das Wörtchen »oder« schon eine ungeheure Rolle. »Kopf oder Wappen«, heißt es bei den Kinderspielen. »Entweda oda, Katz oder Koda«, sagen die alten Tritschler, wenn sie sich entscheiden sollen. Und der Münchner Bierdimpfl am Wegkreuz der Meinungen wiegt seinen im Virginiadampf ergrauten Kopf und fragt sein treues Eheweib scherzhaft: »Was moanst jetz du, Oide, mach ma Knödl oder eß ma an Doag a so?« Hunderte von Argumenten, Theaterthemen und geschichtlichen Ereignissen beschäftigen sich mit der angeblichen Willensfreiheit und dem Wörtchen »oder«. »Sein oder Nichtsein«, sagt der Dichter, »Krieg oder Frieden« der Feldherr. »Rechts oder links«, der Knobelfreund an der Bartheke. Und »jetzt oder nie«, der Verliebte.

Drum wird auch das blutjunge Ehepaar neben anderen Entscheidungen, die es zu fällen hat, bereits in den Wochen des ersten Glücks vor die Kernfrage gestellt: »Kaufen wir uns jetzt einen Untersatz mit Kernfedermatrazen oder einen mit Rädern?« Und wenn er in seiner nimmermüden Entdeckertätigkeit vielleicht meint, so ein Schlaraffiabett hätte natürlich eine ganz andere Federung als ein kleineres Wagerl, so entgegnet das strapazierte Jungweiberl darauf streng logisch: »Aber mit einer Bettstatt kann man ja kaum bis nach Hohenschäftlarn fahren.« Damit ist dieses Problem auch schon gelöst.

Und als erstes wird zugleich das Büchlein »Nackelbergers Wechsel- und Finanzierungslehre Band III«, erstanden, denn man muß sich doch informieren. Dann wird der häusliche Magenfahrplan radikal geändert, und eine blaugraue Graupenzeit bricht an.

Manchmal besteht das Menü unter Berücksichtigung der vorgeschriebenen Anzahlung aber auch aus vier Gängen. Nämlich einem Wurstbrot und dreimal um den Tisch herum. Doch eines Tages ist es geschafft. Dann steht er draußen vor der Tür, der leicht schäbige Wimmerschinken. Zu dem auch die wuchtige Schwiegermutter ihren Anteil beigetragen hat, wofür sie den winzigen Rücksitz jeden Sonntag voll ausfüllen darf. Und dabei die ängstliche Hinterachse so strapaziert, daß diese es bitter bereut, nicht zu einer Haarnadel verarbeitet worden zu sein. Mit goldenen Augenzähnen, von denen der blanke Neid herabtröpfelt, verfolgen die anderen Hausbewohner den ersten Start des gebrauchten Kredit-Porsches. Und der ferne Blick des glücklichen Pärchens reicht mindestens bis nach Verona. Das Benzin allerdings nur bis nach Vaterstetten.

Der Prospekt, der dem Schäserl noch aus seinen fabrikneuen Tagen beilag, zeigt ein strahlend junges Mädchen an einem Bach zwischen Dotterblumen kniend und dem Geliebten auf einer weißen Serviette das üppige Mahl bereitend. Dahinter grüßt der

Wendelstein. Die Rast des Viertwagerl-Fahrers aber findet leider nicht vis-à-vis vom Wendelstein statt. Sondern auf einem schäbigen Kilometerstein, auf welchem das enttäuschte Frauchen sitzt wie weiland das Mariechen in dem bekannten Lied. Denn seit zwei Stunden sieht sie nur mehr die Brandsohlen ihres Mannes, der mit verschmierten Händen unter dem Stiefkind Gottfried Daimlers auf dem Rücken liegt.
Endlich kommt er wieder hervor und erklärt mit hängenden Schultern seinen technischen Bankrott. Dann verzehren die zwei mit müden Lefzen und leise knirschenden Flugsandzähnen das mitgenommene doppelte Tomatenbrot. Sie halten es mit dem zerknüllten Pergamentpapier. Denn alles in der nächsten Umgebung riecht stark nach angeräuchertem Treibstoff mit der Oktanzahl fünfhundertvier. Ein mitleidiges Ochsenfuhrwerk schleppt das Wagerl schließlich an den rasch abmontierten Hosenträgern des Jungfahrers zur nächsten Tankstelle ab. Wobei die beiden Ausflügler ernüchtert feststellen: »Schaut fast so aus, als wären wir doch zum Z'fußgehen geboren.« Und daheim wird dann sofort inseriert.
Atemlos, leise transpirierend horchen sie am nächsten Samstag hinter der Wohnungstür, wie der neue Besitzer den mürrischen Anlasser tritt und das verkaufte Dunlop-Rößlein dem glücklichen Herrn höhnisch im Zweitakterdialekt zuröchelt: »Ghertdascho, ghertdascho.«
Dann fährt der erlöste Herrenfahrer sein junges Glück zärtlich zur weichen, weißen Ehewiese im Schlafzimmer hin. Denn er kennt da noch eine ganze Menge lohnender Ausflugsziele. Die er auch fast mühelos erreicht.

Lustige Witwe

Eigentlich müßte über der verwitterten Wirtschaft beim alten Friedhof »Pietät« stehen, oder »Abendfrieden«. Doch irgendein Schelm hat sie nicht ohne Grund »Gasthof zur lustigen Witwe« getauft. Denn in ihr treffen sich mindestens dreimal am Tag die tieftrauernden Hinterbliebenen zum Leichenschmaus, zur Abschiedsmaß und zum Vergißmeinnicht-Stamperl. Weil es eben hierzulande üblich ist, den Geschmack der bitteren Leichenreden und die paar verlaufenen Tränen mit dem tröstlichen Hopfentee wegzuwaschen. Außerdem besagt ein Sprichwort: »Spaß muß sein, und wenn's bei der Beerdigung ist.« Drum geht es bei so einem Gedächtnisumtrunk auch oft weit vergnüglicher zu als vielleicht auf mancher Hochzeit, wo anschließend auch noch gerauft wird. Oder bei jenen Kindstaufen, bei welchen der Herr Papa durch lebenslange Abwesenheit glänzt.

Und zur Entschuldigung wird bei einem zünftigen Leichenmahl vielfach auch angeführt: »Ja, des hätt der Anderl ja sowieso net meng, wenn ma alle d'Lätschn hänga lassn daadn. Der hot do allaweil schon gsagt: Freßts und saufts, solang's eich schmeckt, zwoamoi is scho's Geld varreckt. Und, hat er no gsagt, wenn ma amoi dod is, dann glangt oan selba a Zehnerl lang.« Der Wirt zur kleinen Einkehr aber bestätigt jedem Neugierigen gern, daß manche Verstorbene eigens ein Kuvert für ihre Spezln, ihre Arbeitskollegen oder den Stammtisch hinterlassen, mit dem ausdrücklichen letzten Willen, daß der Inhalt ehrlich versoffen werden müßte. Freilich, wenn manche von jenen, die den Löffel für immer weggelegt haben, dann noch sehen könnten, wie ihre Witwen, die sich am Grabe mit ihren Tränen fast selber in den dunklen Schacht hinabspülen, schon ein paar Stunden später die Hauptrolle in der Operette »Die lustige Witwe« übernehmen könnten, würden sie sich in ihrem hölzernen Eigenheim vor Verwunderung wie ein Ventilator herumdrehen.

Es kommt aber auch gleich gar noch vor, daß der Busenfreund des

Seligen nicht nur sein Fannerl tröstet, sondern bereits auf der Beerdigung seines besten Spezls dessen blaugestreiften Sonntagsanzug trägt. Und die alleingelassene Ehehälfte kommentiert diesen kleinen Stilbruch mit der sachlichen Feststellung: »Guat steht a dir, da Zwoareiha von eahm, i hob ja allaweil scho gwußt, daß ihr fast de gleiche Figur habts.« Und der gramgebeugte Freund erwidert dann darauf: »Hätt ma'n ebba hänga lassn soin, bis'n d'Mottn gfressn ham? Bloß d'Fiaß hätt da Anderl scho a weng grässa hobn derfa, seine Schuach drucka mi nämli narrisch.«
Auch von der entfernten Verwandtschaft fragen sich schon Stunden nach dem großen Verlust ein paar Interessenten bis an die Kragenweite 42 der hinterlassenen Textilien heran. »Woaßt«, sagen sie zur schwarzgekleideten Haupterbin, die jedoch den Trauerflor bereits bei den Weißwürsten mit einer Sicherheitsnadel hinten am schwarzen Strohhut festgesteckt hat, »für des Zeigl kriagst ja heit sowieso fast nix, wennst as vakaffst. Und herschenga an fremde Leit konnst as doch aa net, du woaßt ja, wia schnell daß ma ausgricht wead.« Jene stillen Anteilnehmer wiederum, die den Vorangegangenen schon seit Jahren nicht mehr besucht haben, wissen noch haargenau, daß in den oberen Schubladen seines Vertikos die goldene Uhrkette vom gemeinsamen Großvater liegen muß. Und die sollte nun doch eigentlich die Nichte Susi kriegen. Weil sie doch ihren »Onggi« brav zu jedem Weihnachtsfest besucht hat. Um sich ihr Geschenk abzuholen.
Schließlich aber sitzen sie dann doch alle friedlich um die lange Tafel herum wie bei einer Vorstadthochzeit und halten die Bestecke unter dem Tisch längst angriffslustig in den knöchelweißen Fäusten. Und keiner von ihnen ißt weniger, als was ein kräftiger Bub mit aller Gewalt auf den Giesinger Berg schieben kann. Beim Schmatzen gelingt es ihnen aber immerhin, noch ein kleines Loch im dampfenden Quetschwerk frei zu lassen, durch das sie ein paar passende Kommentare abgeben können, wie zum Beispiel: »Liaba an Mong varrenkt, ois wie am Wirt wos g'schenkt.« Nachher stochern sie lange und nachdenklich mit den kleinen

Fingernägeln, mit rasch zugespitzten Streichhölzern oder einem abgerissenen Eckerl von der Speisekarte auch die winzigsten Reste der Mahlzeit zwischen den Zähnen heraus, um sie mit doppelten Bommerlundern in ihr aufgewühltes Innenleben hinabzuwaschen.
Ganz hinten bei der Radioecke aber riskiert der Stellvertreter mit der allein gelassenen Hälfte seines Busenfreundes gleich gar ein paar schüchterne Walzerschritte. Obwohl aus dem Wechselstrommaul des Lautsprechers gar keine Musik kommt, sondern der Straßenzustandsbericht. Und der Wirt, dem nichts Menschliches mehr fremd ist, schmunzelt beim Einschenken vor sich hin und zitiert seinen Standardvers für solche Feste: »Der Hausfreund lacht, die Witwe kichert, er war bei Univers versichert.«

Die Wohnmaschine

»Es geht nirgends so zu wie auf der Welt«, möchte der Grantler wieder einmal sagen. Da explodieren auf der einen Seite unseres Planeten pausenlos die himmellangen Raketen. Und auf der anderen Seite ganze Völker. In einem Maß, daß die amerikanischen Astronauten, als sie den Mond betraten und dort bereits eine Menge grinsender Chinesen antrafen, auf die Frage, wie sie denn heraufgekommen wären, zur Antwort bekamen: »Ja mei, einer über dem andern halt.»
Und die modernen Raumgestalter haben andererseits längst jene Wohnmaschinen entworfen, die einst als Luxusappartements in einem Eigentumskrater auf dem Mars zu finden sein werden. Denn in einem bekannten Möbelgeschäft im Tal ist dieser Zukunfts-Wigwam schon ausgestellt. Ein italienischer Professor hat ihn entworfen und auf den Namen »Visiona« getauft. Er ist wohl bereits für jene Geschöpfe gedacht, die sein Landsmann und Kollege in der Retorte gerade entwickelte. Und die demnächst als Soldaten, Alleinmädchen oder Manager direkt aus der Tube geliefert werden sollen.
Nun, dem Betrachter dieses Schaumgummilaboratoriums wird es wohl schnell klar, daß die Zeit der hellblauen Himmelbetten und der Kanapees endgültig passé ist. Und daß es halt heute statt Plüsch und Pleureusen leider hauptsächlich Hasch und Neurosen gibt. Und dabei ist das sicher erst der Anfang des unaufhaltsamen Fortschrittes. Vielleicht werden die Damen im Jahre zweitausend längst keine Antibaby-Pillen mehr schlucken. Sondern Antisex-Tabletten. Denn wer wird sich da noch mit so unhygienischen Sachen wie dem Kinderkriegen abgeben. Da schicken die Ladys einfach ihre Maße ein und bekommen den bereits angebrüteten Nachwuchs. Der in sterilen Frischhaltetüten direkt vom Versandhaus geliefert wird. Und wenn die Frau Nachbarin dann ein paar besonders gelungene Exemplare erhalten hat, wird sie vielleicht von der neidischen Freundin gefragt: »Ach Suse, du hast ja da

zwei ganz besonders entzückende Spargel bekommen, sag mir doch bitte, wo läßt du denn augenblicklich lieben?«

So weit, so gut. Der Großstadtbummler hat sich also die »Visiona« einmal genau angesehen. Die Wohnung von übermorgen ist in vier Zonen eingeteilt. So wie einst das Deutsche Reich, muß der Besucher dieser Schau denken. Und er hat kein gutes Gefühl dabei. Der Abschnitt Nummer eins heißt Ruhezone. Mit einem kreisrunden Bett. Dieses erinnert an jene Zeit, in der die Menschen noch glaubten, die Welt wäre eine Scheibe, von welcher sie herunterfallen würden, wenn sie zu weit segelten. Nun wird aber im »Visiona«-Schlafzimmer natürlich nicht gesegelt. Eine Schiebetüre ist so raffiniert konstruiert, daß sie den Vordereingang automatisch verschließt, wenn die Hausfrau den Hausfreund hinten herausläßt. Der ist übrigens durch einen magnetischen Vorhang, der gewiß auch kugelsicher ist, noch einmal idiotensicher abgeschirmt. Ein kleiner Behelfsstand, in bequemer Reichweite der hingestreckten Dame, ermöglicht ihr das Einschalten einer Sauerstoffanlage, sofern die Liebesbemühungen des Herrn Gemahls etwas nachlassen. Und ein rotes Telefon verbindet sie, wohl aus demselben Grund, direkt mit dem Roten Kreuz, Abteilung Erste Hilfe.

Neben der Schlafzone befindet sich die Naßzone. (In der früheren Bronzezeit auch simpel Bad genannt.) Die ist eigentlich nur eine riesige Brause-Kugel, aus welcher der Gast, selbst wenn er vom finstersten Kongo kommt, so sauber und weiß wieder heraustritt wie ein frisch geschältes Ei. Auf dem Boden befindet sich auch noch ein großes Sieb, damit man das Badewasser vor dem Abfließen noch einmal durchseihen kann.

Die dritte Abteilung heißt die »Daseins-Zone«. Auch ihr Kernstück bildet eine sündige Hobelbank, über welcher ein Fernseher so angebracht ist, daß die Dame des Hauses jederzeit feststellen kann, ob ihr Mann auch fleißig arbeitet und brav Staubsauger verkauft. Eine Stereoanlage mit Hunderten von Geräusch-Konserven ermöglicht es der eventuell nackten Maja schließlich, daß sie im Augenblick des Glücks nicht einmal mehr selber zu seufzen braucht. Für eventuelle Hohlkreuze oder die Etagen tiefer liegen Dutzende von passenden Keilpolstern und Kissen herum. Wie sagte schon Karl Valentin: »Kissen ist keine Sünd.«

Schließlich ist als Zone vier auch noch eine winzige Koch-Kombüse angebracht. Zur Herstellung von Röntgenstrahlen-Gulasch und Ultraschall-Schnitzeln. Was aber die textile Ausgestaltung anbetrifft, so kommt die längst nicht mehr aus den emsigen Hintereingängen der Seidenraupen oder aus Großmütterchens Spinnstube am Kamin. Sondern aus den eifrigen Düsen der Tante Bayer aus Leverkusen. Und an diesem Dralon-Leinen beißen sich bestimmt die Motten und der böse Gilb auch noch die letzten Augenzähne aus. Hi-hi-hi.

Obwohl nun der Mann schon sehr bedauert, daß nirgends in diesen Appartements mit den Wegwerf-Möbeln eine Busserl-Box oder eine Knautsch-Kabine berücksichtigt ist, muß er andererseits wieder zugeben, daß diese sterile Suite zumindest sehr hygienisch sein kann. Denn es werden die Bazillen und Bakterien, wenn sie an den Kunststoffflächen emporklettern wollen, um den Hausherrn zu verseuchen, gewiß zu Millionen ausrutschen und sich das Genick brechen.

Von den vielen anwesenden Zuschauern ud Neugierigen hat sich der Besucher zwei Aussprüche notiert. Ein hinreichend verdächtiger Bursche meinte beispielsweise, in dieser Wohnung möchte er nicht einmal als Photographie drin stehen. Dann schon lieber noch im Fahndungsbuch der Interpol. Während der zweite, ein mürrischer Münchner, grantelte: »Schad, daß ma in so an trautn Heim ned amoi an Nagl neischlagn kann, an dem ma si aufhänga kon.« Aber dieser verbitterte Zeitgenosse war sicherlich ein rückständiger Schreinermeister.

Ko ma oiwei braucha

Der Neugierige steht in der Turnhalle des alten traditionellen Vereinshauses, in dem heute allerdings keine Kniebeugen und Riesenwellen dargeboten werden, sondern Kniehosen und Rasenmäher. Denn hier veranstaltet ein privates Pfandhaus eine Versteigerung. Und ein weißhaariges Manderl direkt neben der Türe sagt munter zum neuen Zaungast: »I woaß gor ned, warum manche oidn Leit oiwei jammern, daß's eahna z'langweilig is. Bei mir müaßt da Dog glatt zwoahundert Schtundn habn, damit i mid mein Programm durchkomm. Schaugn S', im Grichtssaal soit ma sei und an U-Bahn-Bau ko ma aa ned alloa lassn. Nacha soi ma wieda nochschaugn, ob's am Hundemarkt wos Neis gibt, und d'Voglschau derf i aa ned auslassn. Olle Augnblick kracht's bei de Autofahrer, da braucha S' di nacha ois Zeign. Dann muaß ma wieda midschimpfa, wenn d' Fußgänga recht ogschpritzt wern, und bei de fünfhundert Auktionen und Versteigerungen des ganze Johr über soi ma aa mitdoa, sonst rührt se doch gar nix. Sixt as do, du konnst as ned alloa lassn«, sagt der vollbeschäftigte Lebensphilosoph noch und rennt auf seinen Spezl zu, der mit schüchternem Zeigefinger gerade dabei ist, hundert Pakete Entwurmungsmittel für Bernhardinerhunde einzusteigern.

Sie sind alle wie von einem sanften Wahn befallen, die Besucher hier. Männer und Frauen jeder Altersstufe, Freischwimmer, Protestanten, Selbstrasierer, Untermieter, Steilschläfer oder Weißnäherinnen. Wenn es um einen Posten überlanger Schuhlöffel geht oder um eine herrliche Ansicht von Marktredwitz, auf eine Birkenholzscheibe gemalt. Brave Hausfrauen, die eigentlich nur ihre Lichtrechnung einbezahlen wollten, und biedere Rentner, denen die Frau Gemahlin aufgetragen hat, zwei Pfund preiswertes Rehragout auf dem Markt zu holen, haben den gelben Ankündigungsplakaten im Vorbeigehen einfach nicht widerstehen können und halten plötzlich spottbillige Geflügelscheren, Spargelschälmaschinen, erblindete Trompeten oder eine Prachtausgabe

von »Hirnpinslers Leitfaden zum Anlegen einer Waschbär-Farm« in den schweißnassen, aber überglücklichen Händen.
Mitten durch den Raum führt ein richtiger Laufsteg, auf dem ein rüstiger Endfünfziger als Dressman fungiert. Der Gast schätzt ihn als einen ehemaligen Fluraufseher ein, oder als einen Pferdepfleger, weil er manchmal, wenn er sein tadelloses Gebiß zeigt, einem lautlos lachenden Derbysieger sehr ähnlich sieht. Leider hat er aber eine etwas unreine Gangart und schlägt mit dem rechten Hinterhuf ein bißchen aus. Nun, das wird halt das Zipperlein sein. Aber sonst führt dieses frischrasierte Mannequin tadellos vor. Hosen, Frackanzüge, Windjacken oder heißbegehrte Pelzstutzer. Gerade winden ihm zwei rabiate Rivalinnen eine Streifenhose aus den Händen und stecken ihre Nase lange in die dunklen Röhren, ob vielleicht vom Vorbesitzer noch ein kleines Stückerl drin wäre. Auch jener Sportsfreund, der ein paar wuchtige Skistiefel ergattern kann, schaut lange oben hinein, als hätte er erwartet, für vier Mark fünfzig müßte doch eigentlich der Jean-Claude Killy mitgeliefert werden. Doch dann dringt sein neugieriger Schnorchel wohl ein bißchen zu tief in diese Abfahrtskähne ein, und entsetzt prallt er zurück. Ein zarter Hauch aus Hindelang hat ihn angeweht. Eine vierköpfige Pensionistenkommune, die ein sechzehnteiliges Likör-Service erworben hat, prostet sich sofort mit den verstaubten, leeren Gläsern in großer Herzlichkeit zu. Von allen Seiten wird gleich nachher einem mageren Manderl gratuliert. Trotz härtester Konkurrenz ist es ihm nämlich gelungen, einen riesigen Medizinball einzusteigern. Sorgfältig packt er den kolossalen Athleten-Knödel in einen altersschwachen Rucksack, den er ganz und gar ausfüllt. Und noch lange streichelt er seine rätselhafte Beute heimlich in überwältigendem Besitzerstolz.
Ein Abendkleid wird aufgerufen, das ausschaut, als hätte es sämtliche Nächte der Cabiria auf einmal mitgemacht. Kein Angebot. Nachher ein Pelzgehänge, vermutlich Makrelen auf Zobel geschunden. Geht weg. Der dicke Herr jedoch, der sich verzweifelt in die ihm zugesprochene Lederjacke quält, wird sich wohl oder

übel einer Abmagerungskur unterziehen müssen, wenn ihm dieses Schlechtwetterfutteral jemals passen sollte. Wenig Freude prophezeit der nachdenkliche Besucher auch dem älteren Steigerer, der für einen Spottpreis ein Paar Bergstiefel erhaschen konnte. Denn die Sohlen sind eisenhart und krumm wie ein Tintenlöscher. Und wenn der Wandersmann vielleicht tatsächlich in diese Alpinistensärge hineinkommen sollte, wird er sich höchstens im Rhythmus eines Schaukelstuhles fortbewegen können. Beim Schmuckangebot befällt den Zuschauer dann eine kleine Traurigkeit. Und er denkt, wen mögen wohl die zwei breiten abgewetzten Eheringe, die für ganze sechs Mark weggehen, verbunden haben. Wieviel Liebesschwüre und Treuegestammel haften noch an dem Ringlein mit dem dunkelblauen Stein? Und jenes rührende Biedermeierherzchen mit der verblichenen Kinderlocke. Wer hat es einst verschenkt, wer getragen und wer versetzt?

Dann geht ein Raunen durch den Raum. Der Auktionator schwingt eine Säge. »Zweihundert Fuchsschwänze zum ersten.« Kein Angebot. »Fünfzig Fuchsschwänze zum ersten.« Schweigen im Walde. »Sechsundzwanzig.« Jetzt interessiert sich ein uralter Bilderbuch-Tritschler dafür. Ohne Gegenwehr überläßt man ihm die Beute. Und dann wird begutachtet. »Dadellos«, »pfenningguad« und »ko ma oiwei braucha«, lauten die anschließenden Kommentare. Und jedermann darf die metallenen Sperrholz-Fresser auch noch in die Hand nehmen und ein paar Probeschnitte in die Luft hinein tun. So großzügig und stolz ist der neue Sägewerksbesitzer. Es schaut im Hintergrund bald aus, als würden die begeisterten Austragler schon Kleinholz schneiden fürs Fegfeuer.

Als der Betrachter dann schließlich geht, zeigt ihm ein grimmiger, pensionierter Trambahnschaffner auch noch verstohlen seine Beute. Einen Operngucker hat er sich herausgetaucht. Und er erklärt dazu mit großer Überzeugungskraft: »Mit dem schaug i jetzt dahoam mein oidn Dracha o. Aba mit'm umdrahtn Glasl. Was moana S', wia weit weg da mei Lindwurm auf oamoi is und wia winzig kloa. Net größer ois wia a Eidachsl. So a Anblick is doch no vui schöna ois wia an Grimschek sei ganze Menascherie im Fernsehen. Und dabei braucht mei Fernglasl net amoi an Schtrom. Is des vielleicht nix?«

Zaungastspiel am Tennisplatz

»Für den Reichen rollt die Kugel, und für den Armen pfeift sie«, heißt ein Sprichwort. Und dann gibt es noch welche, für die ist sie nur weiß. Für den Tennisspieler nämlich, für den dieses runde Stückchen Luft, in Gummi eingewickelt, die glückhafte Seifenblase der Kindheit und des Herbstes ganze Seligkeit bedeutet. Drum ist es eigentlich auch schäbig, so meint der Sportsfreund, daß man diese Kugeln immer nur schlägt. Man sollte sie vielleicht auch streicheln, was manche auch tatsächlich unnachahmlich machen. Man nennt dann so was einen »Stop«. Und die abgespielten Bälle, die Akteure der frohen Stunden, gehörten eigentlich auch nicht in das Maul fetter Dackel, als Knochenersatz, in die Aschentonnen oder in den Tivolibach, wo sie ohne jede Chance dem gefräßigen Rachen der mechanischen Mühle zuschwimmen, sondern in ein gemütliches Altersheim für Sportveteranen. Und wenn der Autor nicht selber gerade jenseits des Netzes steht und die gesamte Druckerschwärze vergißt, die kriminellen Lohnsteuersätze und den nächsten Zahnarzttermin, dann sitzt er gerne auf der schmalen Terrasse des Tivoliplatzes und schaut den Kämpfen der großen Kindsköpfe zu.

Hallo, Freunde, der Mann mit dem eckigen Frankensteingesicht dort unten, ist das nicht der oberste Münchner Sheriff? Wenn er den Spitzbuben genauso schnell nachrennen würde wie dem weißen Knödel, dann hätte er bestimmt schon heute die Gauner von übermorgen erwischt. Der Zuschauer weiß, daß dieser städtische Handschellenverwahrer einer der hartnäckigsten Ball-Beatles sein kann. Denn er hat ihn selbst schon ein paarmal zentimeterweise zusammengesägt. Wenn der Oberschandi aber in ganz große Verlegenheit kommt, dann macht er das, was die alten Indianer und Lederstrümpfe taten. Er stellt sich tot. Doch wenn der Gegner gerade seinen Fuß auf seinen schwer schwitzenden Schutzmannsbauch stellen will, dann steht er plötzlich vom Boden auf und siegt. Doch so was nennt man halt schmutzige

Lorbeeren, meint der nachdenkliche Zaungast. Well, Mister President.
Da ist der berühmte Sechziger-Torwart wieder ein ganz anderer. Er kämpft beim Tennis wie immer mit offenem Visier und offenem Mund. Aber wenn jemand womöglich glaubt, daß dieser Witzbold so dumm wäre, wie er lang ist, und daß man ihm eigentlich das Mittagessen mit der Flak hinaufschießen müßte, so muß der Kritiker selbst dem größten Bayern-Fanatiker sagen: Mitnichten. Denn der Zaungast hält den Torwart auch beim Tennisspielen für das bedeutendste Schlitzohr aus dem Knoblauchland, außer Karl Mays Hadschi Halef Omar. Und er kann dem Antrag von seinem Trainer, seinem ungeküßten Liebling den Titel »Dr. h. c. Tennis« zu verleihen, nur beistimmen.
Herzerfrischend wird die Szene jedesmal, wenn der Schauspieler die eckige Arena betritt. Denn der spielt eigentlich nicht Tennis, sondern Theater. Seine Lieblingsrolle scheint dabei der Martin Luther zu sein. »Hier stehe ich, ich kann nicht anders.« Manch-

mal reißt er sich vorne an der Brust das Hemd auf wie Andreas Hofer zu Mantua in Banden, bevor man ihn erschoß. Dann brüllt er beim gegnerischen Angriff wütend dazwischen: »Draußen is er, draußen.« Er meint aber dabei nicht den Ball, sondern seinen Meniskus. Und für die ganze Vorstellung bekommt er keine einzige Mark Gage. Nur manchmal schallenden Beifall.

Eine köstliche Schau zieht der Tragöde auch ab, wenn er mit dem immergrünen Senator die Keule kreuzt. Aufrecht wie die Stange, auf der man dem Gessler einst den Hut vorausgetragen hat, ficht der Mime. Während sich der Senator mit tückischen Korkenzieher-Schlägen zur Wehr setzt. Häufig untersucht er auch die Bälle und behauptet dann, sie seien gezinkt, oder es handle sich um unerlaubte Überlängen. Und statt »Einstand« schreit er selbstverständlich auf paragraphendeutsch »Einspruch«. Ging die Partie ebenso lächelnd wie liebenswürdig verloren, so erklärt er mit runzeliger Stirn, das käme nur daher, weil er falsch gewachst hätte.

Und alle sind sie wie die kleinen Kinder auf der roten Spielwiese. Nur wenn das bekannte schöne Filmsternchen zum Zuschauen kommt, werden sie wieder zu Erwachsenen. Dann setzt sich die sündhafte Schmetterballschönheit, die wahrscheinlich ebensowenig Tennisspielen wie Abspülen kann, immer besonders verführerisch hin, weil sie doch weiß, wie gern die Herren alle mit ihr spielen möchten. Besonders natürlich, wenn sie ihre eigenen zwei Bälle zur Verfügung stellen würde. Und einmal war ihr zartes Sittlichkeitsfutteral vielleicht wirklich um eine bis zwei Nummern zu klein. Und da hoben die Kämpfer in der tiefliegenden Tivolimanege blinzelnd die Köpfe und ließen die Schläger langsam sinken. Doch rasch hatte diese Minimaid ihre Blöße entdeckt und seitdem immer ihre Beine ineinander verdreht wie eine Laugenbrezn.

Der letzte Freibad-Hecht

Müd hinkt die käsegelbe Sonne himmelabwärts. Dem nahen Abend und dem Sommerende zu. »Abgeschlafft ist sie und ausgeflippt«, sagt der einsame Goldbarsch in der Badehose, der noch als letzter im Familienbad-Restaurant sitzt. Er versucht schon zum dritten Mal, mit einem Brennglas ein Loch in ein Heiratsinserat zu brennen. Es geht nicht. »Sie hat halt keine Kraft mehr, die Alte«, brummelt der Mann vor sich hin und geht nachher zum kleinen Brünnlein hinüber, das seinen silbernen Märchenstrahl verzagt in den Altweibersommerhimmel empornässelt. Dann trinkt er lange aus der hohlen Hand. Im Restaurant hat er nämlich nichts mehr gekriegt. Weil die Kellnerinnen schon beim Maßkrugspülen sind. Die Rosa wäscht sie, die Susi schlenzt sie ein wenig aus, und die Klara, das asphaltmüde Dreiquartelpferd stellt sie in die Regale des dämmrigen Gastraumes.

Weil aber die Stubenfliege Maja gerade mit ihren Verdauungsträumen beschäftigt ist, stülpt ihr die Klara den Krug direkt über den vierzehnäugigen Kopf. Nun ist die Fliege gefangen. Sie summt und summt, doch viel zu spät. An was mag so ein eingesperrtes Insekt wohl denken? Daß es die vielen Beine vorher noch auf ein vergammeltes Rindsfilet stellen konnte? Oder etwa an die haarige Wurstnase des Gastwirtes, die immer ein bißchen schwitzte, so daß sie als Landeplatz für eine Fliege sowieso kaum in Frage kam? Oder gar an die Hersteller von Fliegenfängern? Kaum, kaum. Denn die Menschen sagen, Fliegen können nur fliegen und nicht denken. Woher sie das bloß wissen? Doch was brummt die Maja eigentlich so? Wo sie doch jetzt einen so schönen gläsernen Sarg bekommen hat. So, wie ihn nur noch das Schneewittchen einst bekam.

Aber unzufrieden sein. Ja, ja.

Der einsame Badegast sitzt jetzt auf den Liegebrettern, die ihm einen heißen Sommer lang die Welt bedeuteten. Er hat ein kleines Reisenecessaire vor sich liegen und schneidet sich die Fingernägel. Das letzte Mal hat ihn eine schnelle Braut aus Sigmaringen manikürt. Sie hatten sich im Warmwasserbecken kennengelernt. Als sie ihm dann vier Tage später die Nägel feilte und er so zum Spaß ein bißchen an ihr herumprobierte, schlug sie ihm die Schere lachend auf die Finger und sagte den völlig blödsinnigen Vers dazu: »Das Berühren der Figüren mit den Pfoten ist verboten.« Nach diesem Geistesblitz hat er leider nichts mehr mit ihr anfangen können.

Bürgerliche Haushaltsware halt. Lustgewinn gleich Null. Aber Nägel schneiden konnte sie.

Überhaupt hatte sich nur sehr wenig gegeigt in dieser Freiluft-Saison. Und die Gesamtstrecke war lausig gewesen. Die Sigmaringerin, dann eine Jugendfreundin aus der alten Vorstadt-Straße, mit der er ein lauwarmes Gedächtnis-Match machte, und später ein dunkelblonder Bomber zu Fuß. Die hatte ihm dann im keuschen Bad seines kleinen Appartements heimtückisch zwei rote Zigarettenkippen in den Patent-Aschenbecher gezaubert, den er nie benutzte, und ein hautnahes Wäschestück in den Wäschepuff geschmuggelt. Mit diesen faulen Tricks wollte sie wohl einen Zopf mit seiner ständigen Fanni heraufbeschwören. Da hatte er ihr aber schnell die Bremsklötze weggezogen und die Startsignale klargemacht.

Nach dieser Bilanz schlüpft der alte Freibad-Hecht ein letztes Mal ins zweite Element. Husch, husch, war das schon schattig. Und wie er auf dem Rücken den kleinen Gänsehautkanal hinuntertreibt, fällt ihm ein, daß er das auch vor ein paar Wochen, ach nein, das waren ja schon über fünfzig Jahre, immer gerne getan hat. Allerdings mit einer zugelöteten Maggibüchse als Schwimmhilfe auf dem mageren Schulspeisungsrücken. Da klettert der Wassersportler, ein bißchen steif und nachdenklich geworden, wieder ans Ufer und streift sich mit der Handkante die vielen glänzenden Wassertropfen vom betagten Fell wie die hundert schönen, verflossenen Sonnentage.

Schließlich steht der alte Träumer vor dem kleinen Spiegel bei den Ankleidekabinen und schaut in den halbblinden, viereckigen Kontrolleur hinein. Nun, schöner ist er auch in diesem Sommer nicht geworden. Nur vielleicht etwas reicher. Faltenreicher nämlich, wenn das überhaupt noch ging. Doch er liebt alle seine Furchen und Runen sehr. Und möchte nicht eine einzige davon missen. Denn jede hat ihre Geschichte. Maßkrug und Weltkrieg haben sie hinterlassen. Und überdeutlich hat das Leben seine Notizen darauf gemacht. Ein bißchen was von Glanz und Gloria geschrieben und vom Glück im Glas. Und natürlich auch etwas »von der Lore und der Dore, von der Trude und Sophie, von der Lene und Irene und der Annemarie«, wie es so schön in einem Vagabundenlied heißt. Allerdings, nun ist das zerknitterte Pergament halt doch schon bald ganz vollgeschrieben. Darauf ist der Mann vor dem Spiegel auch noch ein bißchen stolz. Denn in Anbetracht dessen, daß er nur diesen einzigen Kopf hat, ist er ihm jedenfalls noch immer der liebste. Wenn er nämlich daran denkt, daß manche Leute auf ihrem oberen Ende doch nur eine Prothese herumtragen. Bloß damit es ihnen nicht in die Innereien hineinstaubt.

Nun schlüpft der sanfte Spinner also zum allerletztenmal in seine Textilien. Er bedankt sich bei der alten Buche für den gespendeten Schatten und schüttelt ihr den unteren Ast. Das Wasser lobt er für seine Feuchtigkeit, und er beschließt sogar, der mageren Billetten-Abreißerin am Ausgang noch ein Abschieds-Trinkgeld zu geben. Dieser alte Wasserspeier ist zwar so böse wie ein durchgebrochener Blinddarm, und den ganzen Sommer hat ihr niemand was recht machen können. Doch eine müde Mark Anerkennungsgebühr möchte trotzdem sein. Der Mann findet aber in keiner Tasche eine Münze, und drum drückt er sich mit schlechtem Gewissen rasch durch die kleine, eiserne Drehtür. Gott sei Dank, denkt er, kennt ihn das Schandmaul vom Dienst wenigstens nicht. Doch da hat ihn das Zitronenköpferl auch schon entdeckt und schreit ihm mit schriller Mundharmonikastimme nach: »Do schaugts hi, do schleicht a si davo. Genauso wia da Sommer.«

Dem Bauch zu Leibe gerückt

Angesichts des zunehmenden Wohlstandsspecks und des dreißigjährigen Krieges gegen die germanischen Überpfunde ist die Münchner Stadtverwaltung dazu übergegangen, ausgedehnte Freizeitprogramme und Kurse für Leibesübungen abzuhalten. Und der Ruf des Turnvaters Jahn blieb keineswegs ungehört, so daß in vielen Turnhallen und Sportsälen sowie auf Spielplätzen und Wiesen zu bestimmten Stunden ehrsame Witwen, wuchtige Oberinspektorinnen, runde Hausfrauen und zahlreiche Anfangsdicke die Keule schwingen, die Beine grätschen und den widerspenstigen Rumpf beugen. Und die blitzenden Perlen, die als Lohn des Eifers von transpirierenden Nasen oder anderen Körpervorsprüngen tropfen, rollen dann auf dem frisch gewachsten Boden der Gymnastiksäle hurtig von dannen oder werden von den durstigen Wiesen ohne jedes Nebengeräusch aufgesaugt.
»Tempo eins«, kommandiert der gestrenge Ertüchtigungs- und Abmagerungswart. Und ein beleibter Agent, mehrere drüsenkranke Importeure, ein molliger Studienrat sowie ein halbes Dutzend weiblicher Tortenmutterschiffe fallen in den Liegestütz. Einem Importeur hängt dabei der Bauch bis auf den Boden. Schwer und bleich wie ein verregnetes Bettplumeau. Während der Agent überhaupt nur ein mäßiges Schaukelpferdkreuz zustande bringt. Verzweifelt bemühen sich die Damen, welche dem gemischten Kursus sowieso mit sehr gemischten Gefühlen beitraten, nachher wieder hochzukommen. Schließlich rollt sich eine der Walküren verschmitzt auf die Seite und beendet diese Nummer der Bodenkür mit einem Überroller und einer dreiteiligen Auferstehung.
»Tempo zwei – den Rumpf beugt.« Das Bemühen der Feierabend-Riege, mit den Fingerspitzen den Boden zu berühren, ist ebenso hoffnungslos wie schweißtreibend. Immerhin sehen einige der Artisten dabei zum erstenmal seit Jahren ihre eigenen Zehen wieder. Nur ein einziges mageres Männchen klappt

mechanisch wie ein Taschenmesser nach vorne. Böse Zungen behaupten, der Herr sei Portier im Bundestag. Als die Köpfe dann nach einem weiteren Kommando wieder hochkommen, sind sie durchweg rot wie der berühmte holländische Geheimratskäse.

Nun folgen Lockerungsübungen. Begeistert schlenkern die zukünftigen Parterre-Akrobaten mit Händen und Füßen, als ob sie dieselben loshaben wollen. Beim Kopfrollen knirschen die abgenutzten Wirbel des Rückgrates dezent, aber deutlich. Und ein paar Witzbolde ziehen sich auch noch zusätzlich die Finger aus den Gelenken, was zwar eine lustige Schnacklerei ergibt, doch will zum Schluß ein ausgerenkter Däumling um keinen Preis mehr in seine Knochenpfanne zurück, sondern hängt beleidigt nach unten.

Nach der Boden- und Atemgymnastik steht die gesamte Schwadron schließlich auf einem Bein wie ein Rudel Maststörche, und anschließend tritt die langersehnte Pause ein. Mit kollegialem Respekt greifen sich die hummerroten Jahn-Jünger gegenseitig an die gutdurchwärmten Gelee-Muskeln der Oberarme und beglückwünschen sich zu ihrem eisenharten Training. Der satte Agent aber zieht nach Beendigung der ersten Stunde ein Wachstuchbüchlein aus der Tasche und trägt haargenau die Resultate seiner Messungen ein, die er mit einem Schneidermaß vorgenommen hat. Am Ersten schickt er die ermittelte Tabelle dann seiner Zweitfreundin Monika nach Burglengenfeld. Die wird sich aber freuen.

Und diejenigen Dicken, die dann auch nach vier Wochen langer harter Fron noch immer keine Veränderung an ihrer Anatomie feststellen können, geben ihre Laufbahn als Olympiaanwärter und Abmagerungsapostel schließlich resigniert wieder auf. Sie gehen dann statt in die Turnstunde lieber zum Schneider und lassen sich bequeme Erweiterungszwickel, die vorher schon fällig gewesen wären, in ihre Hosen einsetzen.

Bei Durchsicht der Stunden

Zu den ältesten Träumen der Menschheit gehört zweifellos auch die Vorstellung, daß man die Zeit stillstehen lassen könnte. Das Liebespaar im Augenblick des Glücks, der Sieger in den Sekunden seines Triumphes oder der Diktator angesichts der gebeugten Untertanen haben alle den gleichen Wunsch. Daß diese Tage erstarren sollten und die Sekunden verweilen.

Der Sinnierer muß schon auch sagen, allmählich könnte wohl die Forderung erhoben werden, daß jene Ingenieure, welche die Scheibenbremsen und den Rückwärtsgang konstruiert haben, auch eine Zeitbremse basteln sollten oder einen Schalthebel zum Arschlings-Fahren, wie der Bayer sagen würde. Oder wenigstens einen Computer, den man mit den kleinen Ereignissen und flüchtigen Begebenheiten eines ganzen Jahres füttern kann und der sich dann am Silvesterabend eine Pfauenfeder in seinen Chromnickel-Hals steckt, wie es weiland der Römer Lukullus tat, damit er alles, was er in seinem Bauch aufgespeichert hat, wieder von sich gibt. Bis es jedoch soweit ist, hat der Nachdenker einmal versucht, auch ohne Daten-Aufbereitungs-Maschine eine kleine Bilanz zu ziehen und rückblickend in Tagen, Minuten, Litern, Zahlen und anderen Maßeinheiten zu rechtfertigen, was er mit den verflossenen zwölf Monaten angestellt hat. Denn es ergeht ihm genauso wie jedem älter werdenden Nachbarn, daß er sich halt immer wieder kopfschüttelnd sagen muß: »Sag mir, wo die Stunden sind, wo sind sie geblieben.«

Leider wird er es nämlich nicht mehr erleben, was die Eierköpfe bereits theoretisch angekündigt haben. Nämlich, daß man sich einige Lichtjahre lang in das Weltall schießen lassen kann. Und wenn man dann wieder auf die Erde zurückkommt, ist man tatsächlich um ein paar Jahrzehnte jünger geworden. Wobei der Mann auf eine Wiederherstellung seines Erdenwallens gar nicht einmal so neugierig ist, sondern es weit eher mit dem vorletzten Ausspruch des alten Hemingway hält, daß das Leben ein kleiner, schmutziger Trick ist. Aber der war ja auch nicht in München zu Hause, was seine Bitternis vielleicht ein bißchen verstehen läßt. Doch nun zum zwanglosen, unlogischen Rechenschaftsbericht. Bei Durchsicht seiner Tage stellt also der Sinnierer fest, was er in den letzten 8760 Stunden alles getan, unterlassen oder erlebt hat: dreihundertzwanzigmal sich nach Mädchen umgedreht (1969 vergleichsweise siebenhundertsechzigmal). Etwa zwanzig Millionen Worte gesprochen (davon etwa zweihundertzwölf Fremdworte falsch). Zweimal schwarze Johannisbeeren gepflückt. Fünfmal jemandem den Vogel gezeigt (nämlich neugierigen Fremden den Münchner Oberbürgermeister). Achthundertzehn Maß Bier getrunken und einen Liter Wasser geschluckt (beim Baden im Ammersee). Siebenhundertzwölfmal die Zähne geputzt (macht bei je dreißigmal hin- und herbürsteln rund einen Kilometer Gebißfummeln aus). Einmal Studentenfutter gegessen. Achtzehneinhalb Stunden vor der roten Ampel gestanden. Sechzehn Meter Bleistifte verschrieben. Sieben Meter Fingernägel geschnitten. Zweiunddreißig Stunden Hunde gestreichelt. Acht Minuten Weiblichkeiten gestreichelt. Zweiundsechzigmal die Trambahn verpaßt (macht bei einer durchschnittlichen Wartezeit von sechs Minuten rund sieben Stunden aus). Achtmal auf zwei Fingern gepfiffen. Sechsunddreißigmal versucht, das Aussterben der Menschheit zu verhindern (Simultan-Versuche). Mit dem lieben Gott unterhalten (manchmal). An die Jugendzeit gedacht (unentwegt). Brombeeren gegessen (nie). Achtundvierzigmal »Merde« gesagt (auf deutsch). Kanalisation strapaziert (zu oft). Einundzwanzigmal im Traum das Fliegen probiert (dreimal beinahe geschafft). Bei Parkplatzsuche zehn Megatonnen Energien verbraucht. Siebenmal einem Preußen den falschen Weg zum Hofbräuhaus gezeigt. Zweimal Handküsse gegeben (Ausschlag gekriegt). Einmal vier Richtige im Lotto gehabt, einen roten Strafzettel gekriegt und einundvierzig Grad Fieber. Vierzig Kreuzworträtsel gelöst und drei feste Verhältnisse. Insgesamt zweihundertzwölf Pfund beim Tennisspielen abgenommen und zweihundertvierzehn im Augustinerkeller zugenommen. Zwölfhunderteinundfünfzig Telefonnummern gewählt und einmal die SPD. Im April das Finanzamt betrogen und im August die Helga. Achtunddreißigmal beim Friseur gewesen und zwei Pfund Haare gelassen. Das also, denkt der Bilanzzieher, wär's nun in etwa gewesen, was das vergangene Jahr ausgemacht hat. Doch beim wiederholten Addieren aller dieser Einzelposten fehlen ihm immer wieder drei Sekunden, die er einfach nicht unterbringen kann. Bis es ihm schließlich doch noch einfällt, was er in diesen fraglichen drei Augenblicken getan hat. Nämlich an Kurt Georg Kiesinger gedacht.

Karl Valentin und das Christkind

»Papa, der Franzl schaugt scho wieda durchs Schlüsselloch«, greint das siebenjährige Hannerl, aber nur, um selbst einen Blick in das Zimmer zu erhaschen, wo schon seit einer halben Stunde das Christkindl rumort. Der Vater ist gerade dabei, das frisch abgezogene Fell eines Stallhasen auf einen Kistendeckel zu nageln. Da ertönt das Bimmeln einer Fahrradglocke, und die Tür geht auf. »Aaaah«, sagen die Kinder, und ihre Augen glänzen noch mehr als der dürftig geschmückte Christbaum, dessen winzige Kerzenflammen mit der Zugluft kämpfen. Die Zweige sind mit Silberfäden behangen, welche die Mutter aus dem Stanniolpapier der Käsezuteilungen geschnitten hat, und auf dem untersten Ast baumelt noch, aus Großmutters Zeiten herübergerettet, ein Pappschiffchen mit Watterauch.

Strahlend nimmt der Franzl das vom Vater gezimmerte »Radlrutsch« in Empfang, und das Hannerl drückt die frisch angestrichene Puppe, die das Christkind vor sechs Wochen plötzlich geholt hat und nun neu eingekleidet wieder brachte, an ihre schmale Kinderbrust. »Und des is für di, Vadda«, sagt die Mutter und schiebt ihrem Mann die drei Paar Einlegsohlen und ein Paar selbstgestrickte Pulswärmer zu. »Geh zua, Walli, des hätt's doch net braucht«, bedankt sich verlegen das Familienoberhaupt, dreht am alten Standgrammophon und legt die Platte »Stille Nacht« auf. Leise singt das Hannerl mit. Der Franzl hat einen Fuß auf dem Radlrutsch und hält sich mäuschenstill. Durch die angelehnte Küchentür dringt der Duft vom Hasenjung herüber.

Dieses kleine Geschichterl verfaßte der ältere Herr vor fünfundzwanzig Weihnachtsfesten. Und der magere Karl Valentin, der damals ebenso hungrig wie vergeblich versuchte, bei Bäckern und Metzgern selbstgefertigte Nudelwalker und Kochlöffel gegen ein bißchen Essen einzutauschen, schrieb dem Verfasser dieser Geschichte daraufhin: »Ich habe bei diesem Artikel geweint wie ein kleines Kind. So arm mußten wir Deutsche werden, um wieder zur Besinnung zu kommen.« Nun, der Graubart erinnert sich selber nicht allzu gern an jene Jahre, wo ihm mancher Befreier auf die »nicht betroffenen« Finger trat, wenn er sich nach einer halb aufgerauchten Zigarette bückte. Und wo manches blasse Eipulverkind der geliebten Oma zum Fest der Nächstenliebe in Ermangelung des nötigen Taschengeldes einen reichbemalten Gutschein »für fünfmal unaufgefordertes Schuhputzen« unter den gestohlenen Christbaum legte. Während sich die lieben Eltern gegenseitig im milden Schein ranziger Hindenburg-Lichter das Vertrauen schenkten.

Doch wenn der Schreiber der damaligen Geschichte heute die Geschenkvorschläge und Weihnachtsangebote der großen Warenhäuser betrachtet, so fragt er sich doch auch mit einem leisen Zweifel, ob es seinerzeit vielleicht nicht doch mehr Weihnachtsgefühl gab als heute. Denn wie schaut ein Wohlstandstisch bei vielen Leuten in unseren Tagen aus? Schon die winzigen Mini-Snobs stellen heute ihre berechtigten Ansprüche an Opas Christkindl. Denn was würde beispielsweise der Enkel Wulf Dieter Eckebrecht sagen, wenn er nur einen simplen Malkasten bekäme? Wo doch so ein Wunderkind von heute längst nicht mehr malen mag. Und wie bitter wäre die zarte Susilo beleidigt, würde sie nicht mindestens eine vollautomatische Striptease-Puppe auf dem Gabentisch vorfinden, die in drei Sprachen mit piepsender Stimme »O du fröhliche« singen kann. Den Erwachsenen aber nimmt die Weihnachtseinkaufsfibel das Nachdenken ab. Da überschlagen sich die Angebote in seltsamen Präsenten zum Feste der Liebe geradezu wie die berühmte Trapez-Nummer »Die drei Codonas«.

Für Madame beispielsweise wäre doch eine Handtasche aus der Haut des Ungeheuers von Loch Ness ganz besonders apart. Geschenkgutscheine zum Einfrieren in einem Tiefkühlsarg sind allerdings schon wieder passé. Dagegen müßten die neuen Chromstahlröhren zur Senkrecht-Beerdigung unbedingt ein ausgezeichneter Lametta-Gag sein. Kleinigkeiten und nette Aufmerk-

samkeiten sind in diesen Katalogen der Superlative auch noch Cocktail-Krücken für Steh-Partys oder handverlesener russischer Kaviar, wobei beim Öffnen der Dose Musik von Tschaikowski erklingen würde. Ein Dutzend weiße Nerze, vom Hausfreund eigenhändig blau geprügelt, müßten von manchem Retorten-Weibchen doch sicher wohlwollend aufgenommen werden. Ebenso wie die Hausschuhe eines Himalaja-Schneemenschen für die Après-Ski-Stunde. Als außergewöhnlich schick empfehlen die supermodernen Bescherungs-Institute auch einen vierzehntägigen Erholungsurlaub unter Wasser auf dem versunkenen Flaggschiff des Christoph Columbus. Inklusive eines gastlichen »Sit in« mit dem Klabautermann. Mondgestein für die blassen Ohrläppchen sticht natürlich alle anderen Brillantenwarzen mühelos aus. Und alles würde gewiß vor Neid zerplatzen, wenn jemand einen Eintrag in das Fahndungsbuch von Interpol mit dreiteiligem Porträt als Weihnachtsüberraschung vorweisen könnte. So was würde vielleicht überhaupt nur mehr übertroffen werden von einer Lizenz für ein zwölfstündiges Probesitzen auf einem richtigen elektrischen Stuhl.
»O du fröhliche, o du selige . . .«, möchte da der Kritiker nur mehr leise mitsummen. Und dabei kopfschüttelnd denken: Wenn das der komische Karl Valentin wüßte! Vielleicht täte er da zum zweitenmal weinen wie ein kleines Kind.

Sommer ade

»Das gilt jetzt nix mehr«, sagt die Zeit auf einmal wieder. Und sie wischt einfach einiges aus. Die Liebesschwüre vom Mai und das Zahngeschwür vom Juni. Oder beispielsweise den Metzgermeister Georg Gaul, dem mitten im Juli die Eisen heruntergerissen wurden, kurz bevor er beim großen Schafkopf-Rennen seines Stammtisches Erster geworden wäre. Und auch die brave Witwe Stanglmaier, die im August vom Stangerl fiel, ist ausgelöscht. Obwohl sie doch so gern im September noch den Holler von ihrem Heimgarten eingemacht hätte. Die Gläser waren schon bereitgestellt. Doch nun läßt der zerrupfte Strauch die schwarzen Perlen einfach sinnlos wie dunkle Tränen in die verwaisten Beete hinabtröpfeln. Auf die es das junge Ehepaar Wackelzahn schon lange abgesehen hat.
Da kann der Gastarbeiter Michelangelo Peruggi ja direkt von Glück sagen, daß er gerade noch dableiben durfte. Eigentlich stand er nämlich schon auf der Heimreiseliste. Da entdeckte ihn rein zufällig die alte Baugeschäftsbuchhalterin Dreiheilig. Und setzte einen anderen auf die Entlassungsvorschläge. Weil sie der Michelangelo nämlich so unglaublich an den Ben Hur erinnerte. Nein, sonst wirklich aus keinem anderen Grund. Nur deshalb gab man dem Peruggi noch einmal eine Chance und einen langen Besen in die Hand mit einer zwei Meter breiten Bürste. Mit der putzt er jetzt jeden Morgen dem Stachus die Zähne. Doch manchmal summt er dabei leise vor sich hin: »Wo sind die Bräute von gestern? Und die Löhne vom vergangenen Jahr?«
Die Mutter Natur ist wieder einmal am Abräumen. Draußen im Bierkeller schiebt sie das Laub auf den Tischen hin und her wie ein unschlüssiger Spieler die Jetons. »Nichts geht mehr«, sagt der mürrische Wind, und vom schäbig gewordenen Kastanien-Himmel fallen plump und aufdringlich ein paar braune Rheumatismus-Äpfel herab. Irgendwie fiel in den riesigen runden Maßkrug-Bottich auch eine kleine Maus. Die saust jetzt in irrsinnigem

Tempo wie die Oktoberfest-Steilwandkitty immer im Kreise auf den senkrechten Dauben herum. Der große junge Schäferhund des Wirtes, der sie lange verwundert anschaute, beschließt dieses Rennen schließlich mit einem einzigen Wischer seines Vorderlaufs. »Brav«, sagt sein Herrchen dazu, doch die Maus stirbt wie ein Mann. Und macht schnell noch eine winzige drohende Faust hinter seinem Rücken. Sie wird sich's merken.

Die Bierkellnerinnen sind meist alle schon unterwegs nach Meran zur Kur. Dort essen sie täglich sieben Pfund Trauben, erzählen sich die intimsten Geheimnisse über ihre Hammerzehen und sagen verschämt: »Geh, genga S' zua«, wenn man sie mit »Gnä' Frau« anredet. Nur die alte Wally ist dageblieben. Sie braucht das verdiente Gerstl nämlich für ganz andere Zwecke. Und sie erzählt der weißhaarigen Rosa, die sowieso schon lange nicht mehr fortfahren mag, weil sie in einem fremden Hotel die gewohnte Traummulde ihrer alten Birnbaumbettstatt vermissen würde, ihren ganzen Haushaltsplan: »Am Fannerl miaßn d'Mandln rauskumma. Erschta Klaß, weil's sovui Angst hat. Da Bua wui a Kletterausrüstung, weil a doch bei de Naturfreinde is, und i soiba brauch neie Zähn. Mei oids Tellafleisch-Piano is nämli hi«, sagt sie, und sie zeigt es. »Aba a Krankenkassen-Klavier daugt hoid nix«, meint sie noch. Und drum bleibt halt wieder einmal Nullkommanull. Dazu macht die Wally zwei tief erstaunte ovale Augen. Und die Nase zwischen diesen Nullen ist dann das Komma. »Aber«, so meint sie noch, »i gib gern, solang i no ko. Denn, wenn ma amoi nimmer ko, muaß ma ja do ois dolassn.«

Und dann sagt sie noch was, die alte Kellnerin Wally: »Woaßt, Rosa«, sagt sie ganz leise, »ma soi imma mit warme Händ gebn und ned mit koide.«

Ein Tag wie jeder andere

Längst kennt der alte Mann keine roten oder schwarzen Kalendertage mehr. Für ihn sind sie alle grau geworden. Grau wie die Katzen in der Nacht, muß er denken. Oder wie die Haferschleimsuppe, die er sich öfter selber für seinen ruinierten Magen kocht. Manchmal vergißt er auch, die Blätter von der papierenen Jahresuhr abzureißen. Und wenn er dann das Datum mit der Zeitung vergleicht, sagt er müde lächelnd zu sich selber: »Mei Kalenda geht wieda amoi nach.« Heute reißt er auch drei Tage auf einmal ab und quetscht sie in der Hand zusammen. »Nie gelebt und nie gewesen«, murmelt er. Dann liest er doch wenigstens noch die Speisenfolge auf der Rückseite. »Aha, Grießsuppe, Krautwickerl mit Kartoffelpüree und Zwetschgenkompott als Nachspeise tät's geben. Nicht schlecht, Herr Specht«, brummelt er dazu in Erinnerung an den Lieblingsausspruch von seinem verstorbenen Stammtisch-Spezl, dem Wastl.

Auf dem Fensterbrettl draußen steht noch ein Haferl mit kaltem Bohnengemüse. Er macht es am Gas warm und hält die Hände drumrum. Richtige Kaffeebohnen wären vielleicht schon besser in der Früh. Aber die gibt's nicht mehr, seit die Genoveva gestorben ist. Aus einem ovalen Rahmenfenster schaut sie direkt aus der Ewigkeit auf ihren Franz Xaver herab. Und wie er nachher in den novemberfarbigen Überzieher schlüpft, lächelt sie fast ein wenig. Hat er also immer noch keine gefunden, die ihm den Aufhänger annäht.

Der alte Mann knarzt über die Stiege. »Koid is heid, Stroblvadda«, meldet die kleine Hausmeister-Leni. Wie er auf der Straße geht, duckt er sich, als wollte er unter der Kälte durchschlüpfen. Mit dem Hacklstecken schiebt er ein paar Orangenschalen über den Randstein. »Orantschn«, sagt er. Ja, als Bub hatte er immer das Weiße unter der Schale mit den Zähnen herausgeschabt. Wie ein Haserich. Und jetzt soll's sogar Orangen ohne Kerne geben. Langsam geht er an der frostgrünen Bank vorbei. Da rechts außen ist sein Sommersitz. Neben dem Fendt Franze. Der wird die Bank nun auch nicht mehr drücken. Den drückt jetzt die Haidhauser Erde. Möge sie ihm leicht werden, hat der Herr Pfarrer gesagt. Hoffentlich.

Ein Schutzmann führt ihn über die Straße. »Dankschee, dankschee, hätt's net braucht, so oid san ma aa wieda net.« Unter dem Plakat »Lernt stenographieren« sitzt der einarmige Schwägerl auf dem rundgewetzten Schalterhallensofa. »Frisch is, frisch.« »Ja, ja, schattig is.« Das reicht für die nächste Viertelstunde. Was Neues sollte man halt wissen. Aber woher nehmen und nicht stehlen. Zum Glück kommt der Bartl mit seinem Schnauz. Der erzählt lang vom verschundenen Herz-Zehner des Valentin Leisegang im Frühjahr anno sechsundfünfzig. Sein Hund gähnt dem wortlosen Nachmittag mitten ins verschwommene Gesicht. Gegen sechzehn Uhr landet der vergessene Wanderer in der Schwemme des großen Bräuhauses. Eine Lunge mit Knödel ißt er. Oder Königinsuppe mit Einlage. Die Frauen am Büfett kennen ihn schon, und ihr Schöpflöffel wird vom Mitgefühl dirigiert. Der Alte ißt stehend an einem Fensterbrett. »Naa, dankschee, geht scho. I nimm Eahna doch koan Platz net weg», sagt er zur Kassiererin. Und zu einem anderen Kostgänger: »Unseroana braucht ja nimma so vui zum Essn.« Aber seinen Teller wischt er sauber aus. Mit weichem Schwarzbrotmark. Und trägt ihn auch selber zurück.

In der Dämmerung kehrt der alte Mann wieder heim. Vorbei an lichtgrellen Auslagen mit Offerten an den Magen, an Eitelkeit und Wohlergehen. Nur ein gläserner Vorhang trennt die zwei Welten. Vielleicht hätte der Mann jetzt denken sollen, ob Glas wohl härter ist als Herzen. Aber er denkt halt nur an die fünf steilen Treppen, die hinauf in seine Kammer führen. Lange und sinnend horcht die Leni den Schritten nach, die immer leiser und leiser werden. Und auf einmal weiß sie es. Der brave Stroblvater wohnt deshalb im fünften Stock, damit er's nachher nicht mehr so weit in den Himmel hat. Da läuft die Leni, was sie kann. Denn das muß sie gleich der Mama sagen, bevor sie es wieder vergißt.

Der Baum vor dem Haus

Wie der Soldat am Wolgastrand aus dem Zarewitsch. Genauso einsam, stolz und ein bißchen zum Himmel flehend stand der einzelne Baum jahrzehntelang vor der blatternarbigen Proleten-Pyramide. Und als sie ihn gepflanzt hatten, wurde vielleicht gerade der Karl Valentin geboren, mit dem der Baum eine große Ähnlichkeit hatte. Das alles muß der Mann denken, der sich jetzt langsam dem mürben Vorstadthaus nähert. Er geht auf dem Randstein und vermeidet es peinlich, auf eine der Fugen zu treten, wo die schmalen, langen Begrenzungssteine zusammengefügt sind. Das weiß er noch aus seiner Bubenzeit, daß man das nicht darf. Warum, wußte er allerdings noch nie. Dann denkt er daran, wie oft sie doch auf die staubige, rachitische Mietshaus-Palme hinaufgeklettert waren. Er und seine Spezl. Von denen immer einer eine »Kraxen« machen mußte, damit der andere den untersten Ast des runzeligen Patriarchen erwischte. Und gleich fällt ihm auch noch ein, wie der bitterböse Hausmeister, der den seltsamen Namen Quirian Vornedran trug, immer schimpfte, wenn einer von ihnen schließlich im Geäst des Baumes saß. »Gehst net gleich runter, Saugribbi, mistiger«, hieß es da. Was die Erwachsenen bloß immer schimpften, wenn ein blutjunger Tarzan auf den alten Baum vor dem Haus hinaufstieg, sinniert der Mann. Vielleicht, weil sie selbst nicht mehr so hinauf konnten mit ihrer Gicht und ihren dicken Bäuchen. Und weil die Großen wahrscheinlich einem Kind immer neidig waren, daß sie selber nicht mehr barfuß laufen durften, daß sie nicht mehr mitten auf der Straße weinen konnten, wenn sie sich weh getan hatten, und daß sie auch nie mehr »Fahre, fahre, Zug« spielen würden. Ja, das war wahrscheinlich der Grund für ihre Mißgunst und ihr ewiges Gezeter.

Immer war der Stammbaum der Kindheit für die vielen Bamsen, die im Vorder- und Hinterhaus der gräßlichen Wohnmaschine herumzockelten, ein Treffpunkt, eine Wendemarke und ein lieber alter Kamerad gewesen. Beim Anschlagspiel drückten die Kinder ihre Stirnen fest an die schrundige Rinde, beim Ringelreihen tänzelten die kleinen Zopflieseln um den zerschundenen Veteranen herum, und später, als sich die Bürscherl und die Madln der näheren Umgebung schon die Hand zur Begrüßung gaben, traf man sich einfach »am Baam«. Einmal hat ihnen der gute Pensionist Rührig mit einer langen Staffelei sogar einen Strick an einen der stärkeren Äste gebunden und eine richtige Schaukel daraus gemacht. Aber der Hausmeister schnitt das Seil glatt durch, obwohl ihm der Biwi Leisegang aus sicherer Entfernung hochdeutsch zurief: »Das dürfen Sie gar nicht, der Strick ist ja nicht Ihnen Ihr Eigentum!«

Manchmal, wenn irgendwas im Haus geschehen war, was auch die größere Öffentlichkeit interessierte, wurde der Stammbaum als Nachrichtenvermittler zweckentfremdet. Wenn die Witwe Schnee wieder einmal ihr Zimmer zu vermieten hatte, das so furchtbar nach altem Kater roch. Wenn ein Kanarienvogel entflogen war. Oder auch, wenn die zwölfköpfige Familie Niederleitner ein nicht mehr benötigtes Kommunionkleid verkaufen wollte, so stand das mit schöner Charakterschrift in Augenhöhe am »Baam«. Natürlich wurde er auch als Marterpfahl fleißig benutzt und ebenso zum Einschnitzen von Namen und Herzen, die jedoch infolge der rauhen Rinde meistens wie pelzige Rettiche aussahen. Eines Tages hing auch ein Zettel dort: »Der Hansi schiebt mit der Irmi.« Gemeint waren damit der Hansi Schlagintweit und die Irmgard Heumacher, deren Eltern die große Wirtschaft »Zum steinernen Schild« besaßen und die der törichte Johann schon mit vierzehn Jahren heiraten wollte. Dann aber tat er es Gott sei Dank doch nicht. Denn die Irmi wog mit neunzehn Jahren bereits einhundertvierundachtzig Pfund. Jetzt muß der alte Mann ganz fest schmunzeln, wie er an diese längst versunkene Episode denkt. Denn er selber schreibt sich nämlich Johann Schlagintweit.

Ach ja, warum er eigentlich den alten Baum noch einmal aufsuchte? Weil ihm nämlich ein Bekannter erzählt hatte, sie hätten den Baum umgesägt. Und das muß erst vor ein paar Tagen gewesen sein, denn der Stumpf steht noch, und der melancholische Grauschimmel kann genau die Jahresringe zählen. Er zählt achtundsiebzig, aber er kann sich auch verzählt haben. Da sieht er neben dem Wurzelstock noch ein Stück Rinde von dem hölzernen Freund seiner frühen Jahre liegen. Er steckt es schnell und heimlich in seine Sakkotasche, wirft es aber dann auf dem Heimweg nach einiger Zeit doch wieder weg. Weil es ja seine Rosa daheim sicher gleich finden würde, und dann müßte er ihr mit vielen Argumenten erklären, warum er ein altes Trumm Baumrinde in der Tasche hätte, und das würde sie nie und nimmer verstehen. Denn Frauen sind da manchmal genauso komisch wie die Erwachsenen.

Blick zurück im September

Den »blauen Mond« nannte Bert Brecht das neunte Kind des Jahres, den September. Den Monat der Hagebutten, der Melancholie, der Fliegenpilze, der Schlaftabletten, der Strumpfhosen, Abendkurse und der »Helfgott«-Sager. Und singen die Amseln im Mai verzückt »es ist prachtvoll«, so singen die Schwalben im September leise »es ist vollbracht«. Tatsächlich gehen in diesen Wochen von hundert jungen Liebschaften fünfzehn in die Binsen und ein Teil davon auch in die Klinik. Die Seelen mancher Menschen nässeln jetzt ein bißchen in sich hinein und werden weinerlich. Und der stille Genießer sitzt allmählich zum letztenmal im Bierkeller unter den Brotzeitpalmen, die mit den welken Blättern rascheln wie verschmähte Jungfrauen mit ihrer Unterwäsche. Und er blickt wieder einmal zurück.
Natürlich könnte man auch im Februar oder April zurückblikken. Aber da ist halt das Jahr noch nicht lange unterwegs und hat erst einen Teil seiner Strecke abgeklappert. Gerade kippt die Kellnerin Anni vom benachbarten Service den letzten Stuhl schräg. Und da fällt es dem Bierdimpfl wieder ein, wer fast immer auf diesem Dreiquartel-Schemel saß. Nämlich der alte Schusserfreund, Rennfahrer, Freiheitskämpfer, Saufaus und Bierkeller-Münchhausen, der Olympiasieger und Europameister im Flaxen, Lenz Nieberl. Wie strahlte doch sein gutmütiger Lampionkopf jedesmal, wenn er seine Frau vorstellte und mit den Worten auf sie hindeutete: »Gestatten, Frau Weltmeister.« Und auf einmal gilt das alles nix mehr, muß da der Sinnierer denken. Nimmer da und nie gewesen. Ein paar vergoldete Medaillen, ein Dutzend halbblinde Pokale und ein Nachruf: »Wir werden dich nie vergessen«. Und der leere schräge Stuhl dort drüben. Hoppla!
Und da taucht auch schon ein anderer Sportskamerad vor der Mattscheibe des Nachdenkers auf. Der lange Woiferl. Garmischer, Kurzwellendoktor, himmellanger Funkturm und Tennisprofessor. Wenn er am Netz stand, war er wie ein siebenfacher

Leuchter. Wie ein gewaltiger Brotfruchtbaum, auf dem lauter Tennisschläger wuchsen. An ihm war so wenig vorbeizukommen wie an einer Klapperschlange im Schnellzugsgang. Doch dann machte sich eine gewaltige Armee auf, um ihn zu besiegen. Leukozyten oder wie die traurigen Helden heißen. Und da stand es dann eins zu einer Milliarde. Da hatte der Woiferl natürlich keine Chance. Doch er streckte sich willig. Als ihn sein Freund zum letztenmal besuchte, sagte er nur ein bißchen bitter: »Sie gehen bereits an meinen Schreibtisch, die schlimmen Ratten. Und ich bin doch noch gar nicht fertig mit dem Sterben.« Und dann meinte er auch noch: »Nein, ich schau' gar nicht zurück im Zorn. Ich bin halt der Mann, der sterben muß. Aber es ist doch ein bißchen komisch. Ich weiß es nämlich, daß meine Frau es weiß. Aber sie weiß nicht, daß ich es weiß, daß sie es weiß.« – »Wir werden ihn immer in Erinnerung behalten«, sagten nachher seine Kollegen. Und man setzte sich schnell entschlossen auf seinen Stuhl, der noch gar nicht kalt war.

Und der dritte war ein Prinz. Jahrelang saß er mit dem Betrachter als Lohnschreiber für die Zeitung beisammen. Dann kam er nach Bonn. Und vor ein paar Wochen rief er seinen ehemaligen Kollegen an und fragte: »Magst nicht für meine Wahlzeitung ein bißchen was schreiben, für mich?« Der Angesprochene aber entgegnete: »Weißt, Prinz, ich glaube, das nehmen uns die anderen nicht ab, daß ich plötzlich für die Weihwasser-Demokraten kritzle.« Da sagte die Stimme aus Bonn: »Wenn du magst, dann reden wir in unserer Heimatstadt noch einmal darüber. Ich flieg' sowieso in drei Tagen hinunter.« Und in genau drei Tagen flog er tatsächlich herunter. Aber nicht von Bonn in seine Heimatstadt, sondern vom Himmel. Sein Freund kriegt noch jetzt eine Gänsehaut, wenn er an dieses Gespräch denkt. Doch hofft er, daß der Enkel der Könige wenigstens auch wieder hinaufgeflogen ist. In sein weißblaues Walhall.

Ach ja, mußte der Träumer wieder einmal denken. Was soll's. Daß alles eitel ist, wußte ja schließlich schon der weise Salomon. Also ist es auch völlig unwichtig, wenn man die braunen Schuhe beim Ausverkauf und die blonde Friseuse von der Ecke vorn nicht bekam. Ein paar Spezl, ein paar Räusche und ein paar Falten noch. Und dann die Abmeldung beim Finanzamt und beim Gschpusi bitte nicht vergessen.

Was sagte doch schon der herrliche Schwabinger Vagabund und Kleistpreis-Dichter Hans Reiser, den man im Armenhaus krepieren ließ, so friedlich und tröstlich: »Zuerst eine Gaudi, ein Lärm und ein Krach, vor Übermut bringst dich fast um, dann haut dir das Leben eine aufs Dach, und im Handumdrehen ist alles rum.«

Das Café von Vorgestern

Es ist, als wäre das alte Café von der gefräßigen Zeit nur deshalb übersehen worden, weil es sich tot stellte. Manchmal ist es so still in den dämmrigen Räumen wie im Tresor einer Bank, in dem nur lauter Papiergeld aufbewahrt wird. Selbst wenn zwei Gäste einmal miteinander diskutieren, so klingt das auch nicht lauter, als wenn sich zwei Stubenfliegen streiten. Auch die verträumten Liebespaare, die sich manchmal hierher verirren, schweigen sich an. Alte Rittmeister und Hagestolze hingegen schweigen sich aus. Das Servierfräulein Simone huscht völlig lautlos über den verblichenen Smyrna-Teppich. Ihre kleinen Füße berühren den Boden überhaupt nicht. Sie hängt gewiß an unsichtbaren Fäden wie die Kammerzofe einer Königin im Marionettentheater. Und wenn jemand in diesem Café laut lachen würde, schickte ihn die vornehme Freifrau, der es gehört, bestimmt auf Geschäftskosten zum Halsarzt.

Ein Geruch verstorbener Rosen zieht durch den Raum. Keiner der geflochtenen und geschnitzten Sessel würde sich erlauben zu knarzen. Der Feuertod wäre ihm sicher. Und niemand käme wohl auf die schaurige Idee, dieses Mokka-Mausoleum mit Nagelschuhen zu betreten. Gewiß würden sich sofort die Haare sämtlicher Teppiche sträuben, um den eingedrungenen Wüstling zu Fall zu bringen. Manchmal aber, wenn die zerbrechliche, einst so berühmte Stummfilm-Lady kommt, um einen einsamen Portwein mit Biskuit »zu nehmen«, da ist es, als würden die kostbaren Kristall-Leuchter an der Decke mit ihren Glasperlen, die wie die versteinerten Tränen der unglückseligen Maria Stuart ausschauen, leise und dezent Beifall klingeln. »Und in dem feinen Café – trink' ich jeden Nachmittag meinen Tee – und Simone flüstert leise, Monsieur – mit was kann ich noch dienen.« So lautet ein kleines Liebeslied für solche Inseln des vornehmen Friedens. Der schweigsame Bilderbuch-Greis, der sich täglich um drei Uhr fünfzehn unter dem firnisdunklen Ölbild niederläßt, paßt

genau zu dem Poem. Wenn er die kleine Karte liest, auf der »Darjeeling Tea«, »Tom Collins«, »Gin Tonic« und »Meringues« stehen, nimmt er aus einem grauen Wildleder-Futteral ein Monokel ohne Band, das er jedoch nicht ins Auge klemmt, sondern etwas von sich weghält, als wollte er sagen: »Bißchen Abstand nehmen, ja!« Er trägt über den Schuhen beige Gamaschen, immer einen gerollten Regenschirm mit sich und ein kleines Silberdöschen. Aus dem fingert er zwei weiße geheimnisvolle Tabletten und läßt sie vorsichtig in das Teeglas gleiten, wo sie sofort folgsam zergehen. Es ist aber nur Saccharin. Denn der alte Mann mit dem schönen Stahlstich-Kopf leidet an Zucker. Und zu allem Unglück heißt er auch noch so. Wulff-Dieter mit Vornamen. Zwischen vier und fünf kommen die Frau Apothekerin, die Konsistorialratsgattin, die Gräfin mit dem Krückstock, von der respektlosen Garderobiere heimlich »der Alte Fritz« genannt, zwei Schwestern in schrecklich unmodernen Nerzmänteln und sieben andere Damen eines unbekannten Baumusters. Sie weisen sich durch einen weich gebetteten güldenen Witwen-Reifen als solche hinreichend aus. Alle plappern zum lieben guten Kaffee. Doch kaum lauter als die Deckel der Sterling-Kännchen. Und die Gräfin hält dann in ihrer mürben Blätterteig-Hand auch noch eine Zigarettenspitze, einen langen, silbernen Mondstrahl. Gegen siebzehn Uhr steht der Chauffeur der beiden Schwestern unter der Tür. Er hält die Mütze vor die Brust und den Kopf in mittelalterlicher Demut gesenkt. So, als warte er darauf, mit der Kante des blauen Entlassungsbriefes enthauptet zu werden.
Um diese Zeit erhebt sich auch ein stiller Monokel-Mann. Und jetzt erkennt man ganz deutlich den alten Militär in ihm. Er riecht auch tatsächlich nach Juchtenleder, nach Moltke und roten Hosenstreifen. Einen Augenblick schaut er mit schmalen Augen nach Osten hinüber. Dort, wo sein Regiment, sein Ruhm und sein Reitpferd verblieben sind. Und dann geht er ein wenig steif, stramm und vorsichtig weg. Doch niemand marschiert mehr mit ihm. Nur ein völlig überflüssiger, alter treuer Bursche begleitet ihn. Sein Rheumatismus.

Heimkehr der Heiligen

Es war einmal eine Zeit, da ging es den Menschen in der Stadt sehr schlecht. Und damit es ihnen wieder etwas besser gehe, trugen sie ihre Ölgemälde, Hinterglasbilder, porösen Lindenholzheiligen, den Granatschmuck von Urgroßmutters Hochzeitstag und das schöne Silberbesteck, das ja sowieso nur in blausamtenen Futteralen und dunklen Birnbaum-Schubladen daheim verdämmerte, hinaus aufs flache Land. Und der Ökonom und die blut-und-boden-ständige Bäuerin gaben ihnen dann für einen echten Frans Hals ein Haferl voll Schmalz, für Großmutters Geschmeide ein Sackerl voll Getreide und für eine alte Bibel vom Martin Luther dreiviertel Pfund saure Butter. Und weil die Odelbarone und die Millibauern alle diese Schätze in ihren guten Stuben nicht aufstellen konnten, so stopften sie auch noch die Kuhställe, die Schupfen oder den Heuboden bis unter die mürrisch knarzenden Dachsparren damit voll.

Nun dreht sich aber, wie der Dichter so schön sagt, das Rad gemächlich weiter, und was oben ist, bleibt nicht immer oben. Und siehe da, jetzt nach einem Vierteljahrhundert ist die Rückführung der evakuierten Schutzpatrone, der hölzernen Heiligen und der biblischen Hinterglaspropheten fast vollständig wieder abgeschlossen. Denn seit Jahrzehnten schafften Tausende von gewerbsmäßigen Altertumsschnüfflern, Tandlern und Antiquitätenhändlern den ganzen Plunder wieder in die Stadt zurück. Und deshalb gab es auch in den letzten Jahren in keinem Teil der Welt so viele Kunst-Basare und überfüllte Ramscherias wie gerade in Deutschland. Weil aber die Aufkäufer nun schon einmal unter den ländlichen Dachfirsten herumflatterten wie die Fledermäuse, brachten sie auch gleich waggonweise längst erloschene Stallaternen, morsche Bauernschränke, schartige Sensen aus der Sendlinger Bauernschlacht, grünspangrüne Kerzenleuchter, vergammelte Pferdekummete und wackelige Spinnräder mit. Denn die Nachfrage nach den von Holzwürmern und dem Zahn der

Zeit schwer angebissenen bäuerlichen Kulturgütern war ja kaum zu stillen.

Und in noblen Kreisen kursierte ein gültiges Wort, das, salopp hingeworfen, sofort als Legitimation bei der Beurteilung irgendeines zerfressenen Blasengels galt. Man brauchte nämlich nur zu sagen: »Er ist aus der Zeit.« Auch ausgediente Beichtstühle hielten Einzug in den »Halls« der vornehmen Bungalows. Und es gehörte zum guten Ton, einen eigenen Hausaltar mit wuchtigen Silberleuchtern zu besitzen, auch wenn der Erwerber dieser zweckentfremdeten Raritäten kaum mehr das »Jesukindlein« vor sich hinmurmeln konnte. Ländliche Spinnräder flankierten in großer Anzahl die nachempfundenen Marmorkamine, als würde sich die Lady des Hauses in einsamen Stunden daran betätigen. Heilige Floriane als Garderobenständer, an welche die Eintretenden Persianer und verschwitzte Hüte hängen können und denen alte Baroninnen lässig die Zobelstolen in die ausgebreiteten Hände legen, sind sowieso eine Selbstverständlichkeit. Weniger Fuß fassen konnten hingegen alte Ritterrüstungen auf den Treppenabsätzen der Luxusvillen. Weil sich die aufsässigen Domestiken solidarisch dagegen wehrten, diese Heimhelden mit Sidol zu bearbeiten. Eine Zeitlang waren wuchtige Truhen, geschnitzt, schwer beschlagen und mit der dumpfen Luft aus der Schlacht von Ampfing frei Haus angeliefert, sehr in Mode. Doch als sich herausstellte, daß ein schnell versteckter Hausfreund aus diesen moderigen Eigenheimen nur mehr halbtot herausgeholt werden konnte und der Truhengebrauchswert also sehr gering war, verzichteten die Gnädigen auf diese hölzernen Tresore sehr schnell.

Immerhin jedoch sind sich die Besitzer dieses Society-Gerümpels darüber einig, daß man im Falle der Not wenigstens wieder etwas »zum Abhängen« haben würde. Leider aber haben sie dabei aus der Vergangenheit nicht viel gelernt. Denn sonst müßten sie doch wissen, daß sie in Zeiten, in denen die Luft wieder eisenhaltig wird, für einen echten Holbein höchstens wieder ein Eisbein kriegen werden.

In der feuchten Hölle

Der ganz alte Stammgast hat ausgerechnet, daß er eigentlich schon dreimal total verdampft sein müßte. Denn nach jahrzehntelangen Besuchen der griechisch-römischen feuchten Hölle und einer jeweiligen Gewichtsabnahme von zwei Kilo konnten von ihm längst nur noch die Gummipantoffeln übrig sein. Jene Sandalen, die mancher Anfänger verächtlich beiseite schiebt, wenn er in die Grillerei des Karl-Müller-Volksbades geht, um sich dann sofort auf den glühenden Bodenfliesen die Füße zu verbrennen wie Schneewittchens böse Schwiegermutter, als sie in die angeheizten Schnabelschuhe steigen mußte.
Überhaupt sind die alten Profis unter den Transpirierenden mühelos zu erkennen. Da gibt es beispielsweise die Systemschwitzer. Die sitzen vorgebeugt auf ihren hölzernen Büßerstühlchen und zählen die einzelnen Tropfen, die leise platschend zu Boden fallen. Haargenau haben sie errechnet, daß 750 Schweißperlen auf ein Pfund gehen. Und sie sagen ihr Gewicht auch vorher aufs Gramm genau an, wenn sie den unerbittlichen stummen Kontrolleur, die große Personenwaage, besteigen. Zur zweiten Kategorie gehören die Spachtler, die ihr feuchtes Fell pausenlos mit einer Kunststoffspachtel beschaben, wie brave Mütter die Kuchenteigschüssel. Nach ihrer Theorie muß nämlich der nachdrängenden Feuchtigkeit das Verlassen der Poren möglichst leicht gemacht werden. Eine besondere Sorte bilden ferner die Kassen-Schwitzer. Das sind jene Gäste, die mit einem ärztlichen Rezept statt mit Bargeld bezahlen. Und weil sie das alte Dampfbad auch noch meistens während der Arbeitszeit aufsuchen dürfen, sind diese Näßler besonders fröhlich. Fast allen Gästen geht übrigens das Mundwerk durch den erhöhten Blutdruck so fleißig, daß man bei ihnen mit Recht von »Dampfplauderern« spricht.
Gestiftet hat diese Schweißtreiberei ein gewisser Baugeschäftsinhaber Karl Müller, der sie um die Jahrhundertwende an der Ludwigsbrücke erbauen ließ und der Münchner Bevölkerung schenkte. Daher auch der Name Volksbad.

Zuerst geht der Besucher des hochtemperierten Jugendstiltempels in eine kleine, wohlige Kabine, in der er sich seiner Textilien entledigt. Wenn er dann bloß mehr den dämmrigen Nachmittag am Leibe trägt, ist er eigentlich nur noch an den vier gräßlichen Impfnarben als Deutscher zu erkennen. Dann geht's auf die Waage. Ein besonders stabiles Modell, das meistens die wüstesten Beschimpfungen über sich ergehen lassen muß: »Glump vareckts«, »Giasinga Heiwoog« oder »Schwindel-Tachometer«. Nicht selten wird die brave Gewichtsmaschine auch noch mit Fausthieben und gut gezielten Aufwärtshaken traktiert.
Dann steigt der Gewissenhafte mit den Hufen in einen kleinen Bottich und säubert seine treuen Untermänner, damit die anderen Kollegen nachher nicht glauben, sie hätten sich in ein Emmentaler Bergwerk verirrt. Anschließend folgt die eigentliche Dampfkabine. Sie wird von einer knarzenden alten Kerkertüre abgeschlossen, die in jedem Fernsehkrimi die Hauptrolle spielen könnte. Drinnen zischt aus einer Düse glühend heißer Odem wie aus dem Auspuffrohr von Beelzebubs Lieferwagen. An der Wand

befinden sich außerdem noch vier Ruhesofas. Echte Marmormatratzen mit felsigem Kopfkissen. Auch auf diesen Fakir-Kanapees wälzen sich keuchende Delinquenten im eigenen Saft. Und der Abfluß in der Mitte des Raumes schlürft die Rinnsale mit gierigem Eisenrüssel auf.

Nach fünfzehn Minuten ist jeder Gast schließlich so durchweicht wie ein Allerseelenzopf im Kaffeehaferl einer Marktfrau. Jetzt geht's hinaus in den Hauptraum und unter die Wechseldusche. Und dann kommt die kalte Liesl, eine Martermaschine, die den entblößten Freier mit zwanzig tiefgekühlten Armen umfängt. Von da aus rasch durch die Klagenfurt, ein Bassin, das wahrscheinlich nur geschmolzene Gletscher enthält. Endlich kommt dann der Elefantenweiher dran. Diese runde kolossale Wanne hat ihren Namen daher, weil sie fast immer mit älteren Sauriern und Mammuts angefüllt ist, die sich erst bei näherer Betrachtung als rüsselhaarige Bierdimpfl entpuppen.

Leider aber gibt es auch einige versteckte Dampfbadbesucher, die selbst nach dieser Prozedur weder Gewicht noch Schweiß gelassen haben. Das sind diejenigen, die Angst haben, es könnte ein Tropfen Bier darunter sein. Diese Schlitzohren haben aber trotzdem ein Rezept gefunden, das ihnen das Gefühl der Schlankheit genauso vermittelt wie dem ausgepichten Sauna-Fakir. Die gehen nämlich einfach alle drei Monate zum Schneider und lassen sich die Knöpfe an ihren Hosen und Wämsern versetzen.

Verblaßte Zeilen

Immer wieder benzt der kleine Tonerl mit seiner dünnen Laubsägenstimme: »Gell, Oma, jetzt gehst nacha amoi auf'n Speicher nauf und schaugst wega de Briafmarkn.« Der Anton hat nämlich bei dem Preisausschreiben »Wieviel Erbsen gehen auf ein Pfund?«, das der örtliche Konsumverein veranstaltete, ein Briefmarkenalbum gewonnen, und jetzt hetzt er die ganze Verwandtschaft auf die Jagd nach den kleinen gezackten Plagegeistern. Nun ist gerade die Großmutter dran, die in einer leichtsinnigen Viertelstunde so beiläufig geäußert hatte, in der gelben Birnbaumkommode müßte noch ein Bündel gut abgelagerter Briefe von ihr sein. Also nimmt sie halt mit einem geseufzten »Ingodsnam« den passenden Eisenbart vom Schlüsselbrett und schlappert mit ihren kamelhaarigen Leisetretern hinauf zum Rastplatz der Vergangenheit. Als sie die Lattentüre der »anteilmäßigen Bodenbenützung«, wie ein Miethausspeicher im Vertragsdeutsch heißt, aufgesperrt hat, kitzelt sie zuerst einmal ein Spinnwebfaden an der Nase. Sie schaut zwar gleich in die helle Kerzenflamme, damit sie »Hatschi« machen kann. Jedoch kommt nur ein zweimaliges Kopfnicken heraus, das sich ausnimmt, als würde die alte Frau die Zeugen des Vorgestern, den Kinderschlitten, die Schneiderbüste und das dreibeinige Schaukelpferd in der dunklen Ecke, freundlich grüßen.

Dann schlüsselt sie lange an der mattgelben Kommodenschublade herum, bis dieser Tresor der verflossenen Jahre schließlich unmutig knarzend nachgibt. Und neben einem Ridikül aus ihrer längst entschwundenen Ballsaison, der innen mit Papier ausgestopft ist, dem eingewickelten Hängezopf der Schwägerin Emeli und einem Marmorschreibzeug mit eingetrocknetem Tintenfaß findet sie tatsächlich das gesuchte Papierbündel. Eine zerschlissene Schleife aus ihren eigenen Trotzköpfchentagen hält es zusammen. Leise Neugier unter der selbstgestrickten Wollweste tragend, geht sie nun mit ihren viereckigen Erinnerungen wieder

hinab in die warme Wohnküche. Dort wartet der Tonerl schon mit gezückter Schere wie das tapfere Schneiderlein.
Ganz obenauf als letzte Nachricht aus dem Gewesenen liegt ein Brief, auf dem anstelle der Marke nur ein Stempel mit dem verbogenen Kreuz des Unheils prangt. Die Oma weiß es schon, es sind die Zeilen eines Hauptmanns, die mit dem Satze schließen: »Es lebe Deutschland.« Und dabei meldet das unselige Dokument doch den Tod des Pflegesohnes Christian. Dann kommt ein Kuvert, dessen Postwertzeichen das Bild des Mannes zeigt, der den Christian auf dem Gewissen hatte. Auf grauem Kriegsbogen teilt ihr darin ihre Jugendfreundin Sophie Wogegang mit, daß sie als einzige der ganzen Familie einen Bombenangriff auf Celle überlebt habe und sie deshalb mit diesen Zeilen gleichzeitig als Universalerbin ihrer verbliebenen Habe einsetze. Ansichtspostkarten aus Deggendorf und Bad Tölz von der Firmpatin Marlene Siebenmaus folgen. Nachher hat sie ein winziges Brieflein in der Hand mit dem Lübecker Holstentor als Markenbild. Es stammt von der Nichte Annemarie, die schon mit sechzehn Jahren ertrank.
Schließlich strahlt der Tonerl über eine Riesenmarke aus dem fernen Somaliland. Viele sauber beschriebene Seiten mit komischen Schreibfehlern enthält das Kuvert. Und die Oma muß immer wieder lächeln über die spaßigen Sätze und die spitze Berg-und-Tal-Schrift. Es ist nämlich der Briefwechsel mit einer Missionsschülerin am sagenhaften Ulanga. Das war in der Jugendzeit der Großmutter einmal sehr modern, solche Bekanntschaften über Land und Meer hinweg zu pflegen. Ziemlich wertlos jedoch erscheint ein Gekritzel der Tante Erika, mit dem sie der Empfängerin ein geheimes Rezept für Krautwickerl übermittelt hat.
Nun kommt noch ein eigener Umschlag, und die Frau mit dem Silberhelm der graugestrafften Haare schiebt den neugierigen Tonerl sanft etwas zur Seite. Die Marken mit dem Dreier kriegt er dann schon. Flache, knappe Fingernägel lösen eine rote Schleife, und gleich aus der ersten Hülle bröselt ein zerriebenes Kräutlein

heraus. Ist das jetzt Majoran oder gedörrte Petersilie? Nein, die Oma weiß es noch ganz genau. Das war einmal ein Lavendelsträußchen. Verstohlen schnuppert sie sogar ein bißchen daran, aber es riecht einfach nach »Gar nichts mit Welk«. Über ein halbes Jahrhundert, so rechnet die Frau neben dem still gewordenen Buben, ist das also jetzt schon her. Das mit den Treueschwüren, mit dem verschnörkelten Anfangsbuchstaben ihres Vornamens und den kringeligen Randmalereien außen herum, die ihr heute recht kindisch vorkommen. Und auf jedem Bogen immer derselbe Schluß. So wie man seinerzeit halt sagte und schrieb, entschuldigt die Großmutter und liest es doch mit nachformenden Lippen ein paarmal vor sich hin: »Karl Albert.« Auf einmal beginnt das alte Mütterlein dann zu lachen. Ein wenig aus Resignation, ein bißchen aus Verlegenheit und einfach auch wegen der komischen Situation.
Und als der kleine Enkel sein Ahndl so sieht, wie sie sich in später Lustigkeit über die Augen fährt, und sie fragt: »Omi, sog, wos host denn?«, da dreht sich die nur stumm um und deutet auf das Kanapee hin. Denn dort liegt er ja nun schon seit vier Uhr nachmittags. Und schläft mit dem kleinen Glück des Spätherbstes um die Nase herum. Der Karl Albert.

Alte am Ofen

Die alte Frau wickelt noch einmal zwei Briketts ganz fest in Zeitungspapier, weil sie doch so viel länger herhalten, fingert mit dem schweren Schürhaken nach den zwei innersten Ofenringen und füttert ihren alten eisernen Freund mit den präparierten Koteletts. Dann rückt sie den Stuhl mit den verwetzten Armlehnen wieder zurecht und auch das Fußschamerl, legt die Hände mit den braunen Altersflecken gefaltet in den Wickelschurzschoß und träumt weiter.

Jetzt, wo war sie doch gleich stecken geblieben? Ach so, beim Bratröhrl, das sie gerade selber geöffnet hatte, damit die Wärme auch richtig heraus kann. Was hat sie doch schon alles in dem schwarzen Maul gebacken und gebraten! Guglhupf und Weihnachtsplatzerl, und ganz früher auch öfters einen »Bettlmo«, ein mageres Armeleuteessen. Zartbrüstige Täuberl, die der Opa selber im Heimgarten hielt, aber sie zum Schlachten jedesmal dem Gartlernachbarn gab, der ihnen rasch die erstaunten Köpferl abschlug. Und einmal eine polnische Gans, vom Stefan aus Warschau im Urlaub mitgebracht. Die war so groß, daß sie als Ganzes einfach nicht ins Röhrl paßte. So daß man ihr die Schenkel abschneiden mußte, um sie extra zu braten. Das nächste Mal wollte dann der Steffi gleich gar einen zwanzigpfündigen Truthahn schicken. Aber statt dessen kam ein Brief vom Hauptmann, und zum Fest gab's keinen Biebgockel, sondern schwarze Florstrümpfe auf Abschnitt C der Reichskleiderkarte. »In stolzer Trauer«, wie seinerzeit in der Zeitung stand!

Ach, und jetzt fällt der alten Frau noch ein, daß sie doch vor wahrscheinlich hundert Jahren als kleines Kind schon mit ihrem winzigen Puppengeschirr süße Apfelstrudel neben der Reine der Mama gebacken hat für die sieben Zwerglein. Und lächerliche Liliputknödel für den Bären Bumba. Wenn aber die Mama gar keinen Teig hergab, dann hatte das Kind einfach zwei oder drei Kieselsteine genommen, fleißig mit Wasser begossen und mitgebraten. Weil sie nachher der Bumba jedoch, wenn man sie ihm auch noch so oft vor den strapazierten Plüschmund hielt, einfach nicht essen wollte, kriegte er ein paar hinten drauf und wurde zur Strafe in den Gang hinausgeschoben.

Die Frau am Ofen ist nun schon ein bißchen erschöpft, und ihrer Erinnerung tun direkt die Füße weh, weil sie doch so weit zurückgehen mußte. Und sie beginnt auf einmal mit offenen Augen zu schlafen, wie es angeblich die Hasen auch können. Damit sie aber nicht vielleicht beim Einnicken mit dem Kopf auf die Ofenplatte fällt, stützt sie sich an der blanken Messingstange auf, die lautlos um den Küchenherd herumläuft. Als sie noch eine ganz kleine Seifen-Marile war, hatte sie an diesem Reck immer Klimmzüge gemacht, und nachher mußte die Mama ihre Oberarme anlangen, ob sie auch schon stark wäre. Der Michl Haberstock von der Nachbarwohnung hatte damals auch immer mitgetan. Derselbe Haberstock, von dem die Zeitungen später meterlange Berichte brachten, weil er über den Ärmelkanal geschwommen war. Dick eingefettet und in zweiunddreißig Stunden.

»Plups.« Der mittlere Herdplattenring, der einen kleinen Sprung hat, hebt sich, und es riecht nach Kohlengas, das die alte Frau gar nicht mag, weil eine Nichte von ihr damit vergiftet wurde. Eines von den Briketts hatte sich wohl jetzt erst befreit von dem fünffachen Papierhaus, das geplatzt war.

Wo bloß der Anderl heute so lange bleibt, denkt der verbrauchte Mensch am warmen Ofen. Das Urenkelkind. Sie wird ihm heute das Märchen von der Rapunzel fertigerzählen müssen, das ihr aber einfach ums Sterben nicht mehr einfällt. Und außerdem will sie auch ein bisserl an seinen zwei unteren Schneidezähnen nakkeln, weil die raus sollen. Und je lockerer sie werden, um so leichter können sich die neuen nachschieben. Der Anderl war der Bub von ihrer Enkelin Anneliese und dem jungen Werkmeister Max Karlstätter. Und die zwei hatten noch immer keine Wohnung, sonst hätten sie doch längst geheiratet, und so lebten sie halt bei der Oma in einem Bratkartoffelverhältnis. Wie die Urgroßmutter, den Kopf wiegend, über die ewige Wohnungsmisere nachdenkt, schläft sie nun doch tatsächlich ganz ein. Da geht die Wohnungstüre auf, und die Anneliese kommt mit dem Max in die Wohnküche. Die zwei unterhalten sich halblaut, damit die Frau am Ofen nicht geweckt wird. Der Max nickt zu der Gestalt am milden Feuer hin, und das Annerl weiß schon, was er sagen möchte.

Wenn sie nämlich nimmer sein wird, würden sie doch die Wohnung kriegen, und der junge Mann meint halt, für die alte Frau wär's eigentlich schön langsam Zeit. Das ist natürlich schon recht hart, wenn man einen Menschen auch noch schubsen möchte, der sowieso schon im Gehen ist, denkt er dabei. Aber selbst wenn die Alte das gehört hätte, wäre sie bestimmt nicht mehr böse gewesen. Denn sie hat längst nichts mehr dagegen, wenn sie der mit der kalten Hand vom warmen Ofen wegführt. Und sie will sich auch nicht ein bisserl wehren dagegen.

Schlaf in der Sonne

Nur ein kleiner Bub blieb stehen. Zuerst waren schon ein paar Dutzend Menschen vorbeigegangen, und es war ihnen nichts aufgefallen an dem alten Mann auf der Bank. Der Bub jedoch spreizte die Beine, steckte beide Hände in die Hosentaschen und betrachtete die altmodische Ludwig-Thoma-Pfeife, die dem Mann in der Sonne aus dem Mund gefallen war und genau auf den eisernen Fuß der Anlagenbank. Da war sie zerbrochen. Der stille Raucher jedoch lehnte halb schräg auf dem Sitz und schien mit offenen Augen zu schlafen. Wie ein Has, mußte der Bub denken, weil er doch in irgendeinem Kinderbuch gelesen hatte, daß die Hasen beim Schlafen auch die Augen auf haben. Wie ein alter Has, ging es ihm noch einmal durch den Kopf, und dann stupfte er den Mann an und sagte laut: »Hä, Sie, Herr, Eahna is d'Pfeifn runtergfalln.« Er meinte, da müßte der Greis doch aufwachen aus seiner Träumerei. Er tat aber ganz was anderes.

Obwohl nämlich die Berührung durch den besorgten Buben gar nicht fest gewesen war, hatte sie doch gereicht, daß der Körper des seltsamen Rauchers langsam ins Gleiten kam und von der Bank herunterrutschte. Jetzt lief der Bub zu Tode erschrocken zum nahen Obsthändler hinüber, den er gut kannte. Er zog ihn aus dem Laden, deutete zu der Bank hin und jammerte: »Schaun S' bloß hin, Herr Scheller, jetzt is er umgfalln, der Mann. Aba i hab'n fei net kaputt gmacht. I hab'n bloß odupft.« Der Obstler nahm den Buben an der Hand, und sie gingen die paar Schritte zum Gasteigberg hin, und jetzt standen auch schon etliche Neugierige um den liegenden Alten herum. Und einer aus der Menge sagte ganz eindeutig: »Der is doch dod.« Und das stimmte.

Dabei hatte es so harmlos angefangen. Der Mann war der Invalidenrentner Maurizius Siebengang und seit vielen Jahren Insasse im uralten Spital, das nun auch bald abgerissen werden sollte. Und weil wieder einmal die milde Gnadensonne gar so schön auf das Kiesfleckerl der kleinen Anlage schien, hatte es den fried-

lichen Austragler hinausgetrieben aus den feuchten, grauen Ölfarben-Zimmern der großen städtischen Feierabend-Kaserne. Und es gelang ihm auch nach fünfmaligem zögernden Anlauf, die Straße zu überqueren. Drüben setzte er sich so hin, daß ihm die Sonne nicht direkt ins Gesicht schien, sondern hauptsächlich auf die Knie und die Füße. Weil man die doch bekanntlich warmhalten soll, wenn man hundert Jahre alt werden will.
Und dann hatte er auch noch die etwas lächerliche Kapitänsmütze über die Augen gezogen und zu duseln begonnen. Ein verfließendes Erinnern, bei dem ihm diesmal besonders viel Interessantes eingefallen war. Wie die Niederleitner Anni geheiratet hatte, zum Beispiel. Und die kleinen Mädchen vom ganzen Hinterhaus mußten als Kranzljungfrauen mitwirken. Die Buben mußten Spalier stehen. Weil aber dann der Bräutigam nicht kam, kriegten die Stallhasen vom Sattler Zech die ganzen schönen Vergißmeinnicht-Sträußerl und Margeriten-Kränzlein der enttäuschten Kinder zu fressen. Aber auch, daß er beim letzten Rentnergeld lauter nagelneue Fünfmarktaler bekommen hatte, fiel ihm wieder ein. Weil der Schalterbeamte ein entfernter Verwandter von der Schwester seiner Frau selig war. Und dann, was er ja nicht vergessen durfte: seinem Enkelkind Nini, wenn es das nächste Mal zu Besuch kam, die alte Kaffeemaschine aus Messing zu schenken, die angeblich aus Indien stammte und die er seinerzeit billig ersteigert hatte und die das Kind sicher recht freuen würde. Vielleicht gab ihm die Nini sogar ein Busserl dafür. Auf seine stoppelige Nadelkissen-Wange. Ach ja, da würde er sich dann vielleicht am Samstag schon mittags rasieren, bevor die Kleine mit seiner Tochter Eva-Maria zu Besuch kam.
Und wie er mit dem Denken gerade hier angekommen war, riß es ihn zum erstenmal. Er hätte eigentlich wissen sollen, daß das ein Schlagerl war. Sie hatten doch schon so viel davon geredet, im Heim. Auf einmal fiel ihm ganz ohne Übergang noch ein Gedicht ein, das er eigentlich längst vergessen haben sollte: »Mei Bruada, mei Schwesta san beide scho fort, / bluatjung nahm ihr Leben a End. / Gschprocha ham ma oft kaam a Wort, / als hätt

ma uns gor net kennt.« Und dann kam der zweite Hieb, der ihm auch die Pfeife aus dem Mund schlug. Es kann kein Mensch sagen, ob es ihm weh getan hat. Seine Zeit war halt zu Ende, wie ein Eisenbahngleis, das irgendwo einmal aufhört.
Im Polizeibericht standen am anderen Tag ganze zwei Zeilen über den Tod auf der Bank. Und fast alle Leute lasen natürlich darüber hinweg. Bis auf etwa siebenhundertvierundachtzig Invaliden, Rentner und alte Pensionisten. Die doch die »Verstorbenen« immer am meisten interessieren. Und fast alle dachten sie beim Lesen mit leisem Neid dasselbe: »So einschlafa deafa in da Sonna, hm, hm, dz, dz, ach ja.«